• 스마트폰 또는 테블릿에서 아래 QR코드스캔시 가입 및 인증절차 없이 바로 동영상강좌 및 전자책 다운로드 이용이 가능합니다.

● 일렉기타시작 . QR코드스캔

문의 : 메일 : guitarcamp@naver.com./ 카카오톡(아이디:guitarcamp)
0504-0555-7824(문자주세요)

- 강좌리스트 -

일렉기타강좌 목록

01. 본강좌 이용전 기타 key튜닝 및 사용안내(필독)
02. 각부분 명칭 및 역할 알아보기
03. 각부분 명칭 및 역할 중 픽업셀렉터 픽업사운드 알아보기
04. 일렉기타 & 엠프연결 및 사운드세팅 알아보기
05. 일렉기타 & 이펙터 & 엠프연결 및 사운드세팅알아보기
06. 각현의 개방현(음)과 왼손핑거링(크로메틱) 알아보기
07. 튜너를 사용한 튜닝법(음조율) 알아보기
08. 청음률 사용한 네츄럴튜닝법(음조율) 알아보기
09. 플로이드로즈(형)브릿지 튜닝법(음조율) 알아보기
10. 악보보는법(음표/쉼표/타블레쳐(TAB))악보 알아보기
11. 싱크로나이즈(형)브릿지 기타줄교체 알아보기
12. 플로이드로즈(형)브릿지 기타줄교체 알아보기

13. C - C7 - Cm - Cm7(오픈.바레)코드 알아보기
14. D - D7 - Dm - Dm7(오픈.바레)코드 알아보기
15. E - E7 - Em - Em7(오픈.바레)코드 알아보기
16. F - F7 - Fm - Fm7(오픈.바레)코드 알아보기
17. G - G7 - Gm - Gm7(오픈.바레)코드 알아보기
18. A - A7 - Am - Am7(오픈.바레)코드 알아보기
19. B - B7 - Bm - Bm7(오픈.바레)코드 알아보기
20. C - Power (파워)코드 알아보기
21. D - Power (파워)코드 알아보기
22. E - Power (파워)코드 알아보기
23. F - Power (파워)코드 알아보기
24. G - Power (파워)코드 알아보기
25. A - Power (파워)코드 알아보기
26. B - Power (파워)코드 알아보기

27. 리듬부문강좌 이용전 기타 key 튜닝 및 사용안내(필독)
28. 피크잡는법 & 오른손 스트로크 알아보기
29. 왈츠(Waltz)리듬(4/3박) 알아보기
30. 4비트(4beat)리듬 알아보기
31. 8비트(4beat)리듬 알아보기
32. 8비트(8beat)디스토션사운드 리프(Rliff) 알아보기
33. 16비트(4beat)리듬 알아보기
34. 슬로우락(Slow Rock)리듬 알아보기
35. 슬로우고고(Slow GoGo)리듬 알아보기
36. 고고(GoGo)리듬 알아보기
37. 트로트(Trot)리듬 알아보기
38. 셔플(Shuffle)리듬 알아보기
39. 칼립소(Calypso)리듬 알아보기
40. 스윙(Swing)리듬 알아보기
41. 디스코(Disco)리듬 알아보기
42. 아르페이지오(arpeggio)주법 알아보기

43. 스케일 오른손피킹법(Scale pickings) 알아보기
44. C 메이져 펜타토닉 스케일 알아보기
45. E 메이져 펜타토닉 스케일 알아보기
46. Cm 마이너 펜타토닉 스케일 알아보기
47. Em 마이너 펜타토닉 스케일 알아보기

48. 헤머링온 & 풀링오프 & 트릴 테크닉 알아보기
49. 슬라이드 & 글리산도 테크닉 알아보기
50. 벤딩(쵸킹) & 비브라토 테크닉 알아보기
51. 왼손뮤팅 & 오른손뮤트 테크닉 알아보기
52. 네츄럴 하모닉스 테크닉 알아보기
53. 테핑(라이트핸드) 테크닉 알아보기
54. 피크 스크래치 테크닉 알아보기
55. 피킹하모닉스 테크닉 알아보기
56. 볼륨 & 트레몰러암 테크닉 알아보기

연습곡강좌 목록

1. A7 Key 12마디 Rock & Roll(락앤롤)
   - A7 Key 12마디 Rock & Roll 알아보기 1부
   - A7 Key 12마디 Rock & Roll 알아보기 2부
   - A7 Key 12마디 Rock & Roll 전체 따라하기

2. 신해철 - 그대에게(전체연주)
   - 인트로부분 알아보기
   - 인트로부분 알아보기
   - 후렴부분 알아보기
   - 엔딩부분 알아보기

3. 홍서범(옥슨80) - 불놀이야(전체연주)
   - 인트로부분 알아보기
   - 노래부분 알아보기
   - 후렴부분 알아보기
   - 엔딩부분 알아보기

4. 안치환 - 사람이 꽃보다 아름다워(전체연주)
   - 인트로부분 알아보기
   - 노래부분 알아보기
   - 후렴부분 알아보기
   - 엔딩부분 알아보기

5. 데이브레이크 - 좋다(전체연주)
   - 인트로부분 알아보기
   - 노래부분 알아보기
   - 후렴부분 알아보기
   - 엔딩부분 알아보기

6. Nirvana - Smells like teen spirit(전체연주)
   - 인트로부분 알아보기
   - 노래부분 알아보기
   - 후렴부분 알아보기
   - 엔딩부분 알아보기

01. 본강좌 이용전 기타 key튜닝 및 사용안내(필독)

● 튜너(음조율기)로 기타현음정맞추기(튜닝)

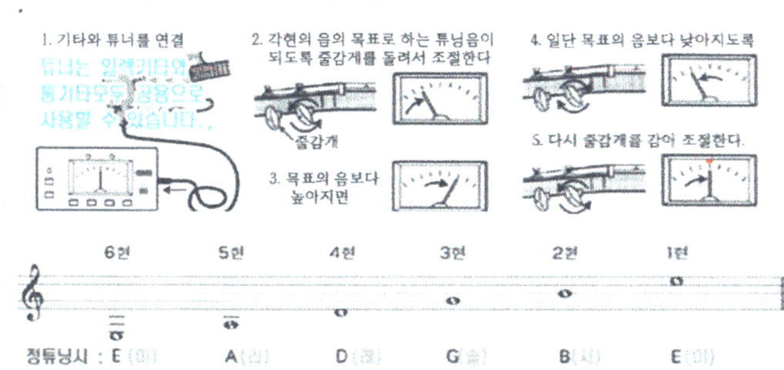

03. 각부분 명칭 및 역할 중 픽업셀렉터 픽업사운드 알아보기

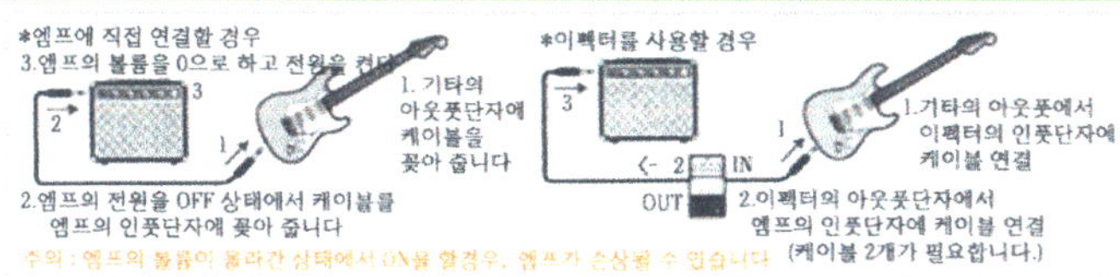

04. 일렉기타 & 엠프연결 및 사운드세팅 알아보기

*엠프에 직접 연결할 경우
3.엠프의 볼륨을 0으로 하고 전원을 켭니다

1. 기타의 아웃풋단자에 케이블을 꽂아 줍니다

2.엠프의 전원을 OFF 상태에서 케이블을 엠프의 인풋단자에 꽂아 줍니다

*이펙터를 사용할 경우
1.기타의 아웃풋에서 이펙터의 인풋단자에 케이블 연결

OUT   IN
2.이펙터의 아웃풋단자에서 엠프의 인풋단자에 케이블 연결 (케이블 2개가 필요합니다.)

주의 : 엠프의 볼륨이 올라간 상태에서 ON 할경우, 엠프가 손상될 수 있습니다

(기타 엠프)

엠프 셋팅 방법입니다.
참조만 하시고 자기만의 칼라(음색)를 만들어 보세요.

싱글코일픽업일 경우.....
(클린톤 셋팅)
오버드라이브 OFF 상태에서
GAIN (7), TREABLE (5), BASS (6),
MIDDLE (5), MASTER VOLUME (8), PRESENCE (5)

(기타엠프 헤드형)

(ROCK 톤 셋팅)
오버드라이브 ON 상태에서
GAIN (6), TREABLE (4), BASS (6), MIDDLE (5),
MASTER VOLUME (8), PRESENCE (6)

(기타엠프 캐비넷)

(메탈 톤 셋팅)
오버드라이브 ON 상태에서 GAIN (8), TREABLE (5),
BASS (6), MIDDLE (4), MASTER VOLUME (8),
PRESENCE (7)

험버커 픽업일 경우.....
(클린톤 셋팅)
오버드라이브 OFF 상태에서 GAIN (5), TREABLE (6),
BASS (4), MIDDLE (6), MASTER VOLUME (7),
PRESENCE (6)

(이펙터)사운드효과를 줌

(ROCK 톤 셋팅)
오버드라이브 ON 상태에서 GAIN (4), TREABLE (6),
BASS (4), MIDDLE (5), MASTER VOLUME (6) PRESENCE (6)

(기타와 엠프 연결 케이블)

(메탈 톤 셋팅)
오버드라이브 ON 상태에서 GAIN (7), TREABLE (6),
BASS (4), MIDDLE (6), MASTER VOLUME (6)
PRESENCE (7)

02. 각부분 명칭 및 역할 알아보기

05. 일렉기타 & 이펙터 & 엠프연결 및 사운드세팅 알아보기

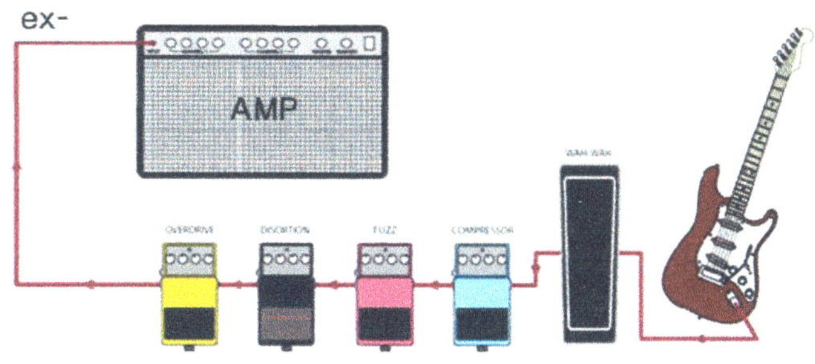

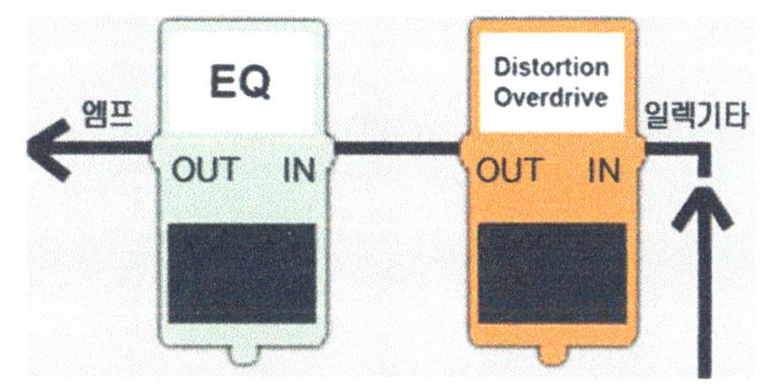

06. 각현의 개방현(음)과 왼손핑거링(크로메틱) 알아보기

개방현음 - 왼손으로 현을 누르지 않은 내츄럴상태에 음을 말함..
가장 기본이 되는 음으로써 숙지하는 것이 좋습니다.

예) 6번현부터 - 미,라,레,솔,시,미
　　1번현부터 - 미,시,솔,레,라,미

6번현 ──── 미(E)
5 ──── 라(A)
4 ──── 레(D)
3 ──── 솔(G)
2 ──── 시(B)
1 ──── 미(E)

6번현과 1번현의 개방현음은 똑같은 "미"음을 갖는다.

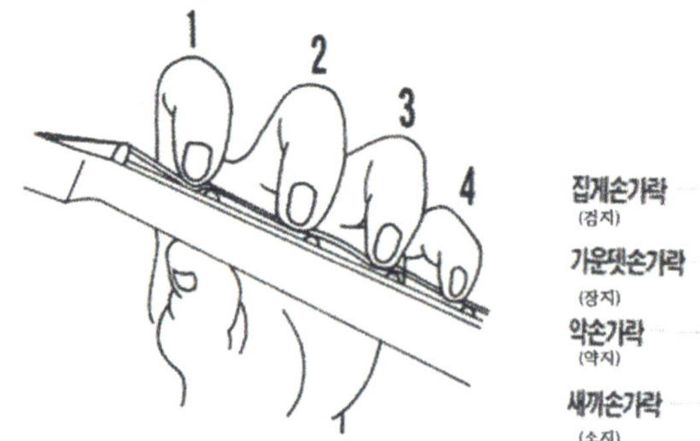

집게손가락 ── 1
(검지)

가운뎃손가락 ── 2
(장지)

약손가락 ── 3
(약지)

새끼손가락 ── 4
(소지)

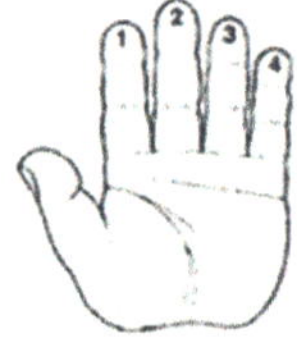

왼손은 기타의 넥에 핑거보드에 있는 현을 누르는데 사용
왼손은 그림과같이 집게손가락 부터
1번에서 ~ 4번까지구성
엄지손가락은 0번이 됩니다.
(왼손은 기타넥을 공을 쥐듯이 자세를 잡습니다.)
손가락의 마디끝으 세운뒤 기타현(줄)을 누릅니다.
기타 핑거보드 1플렛은 1번손가락이 담당.
(플렛번호에 맞게 4개단위씩 잡아줍니다.)

왼손 명칭

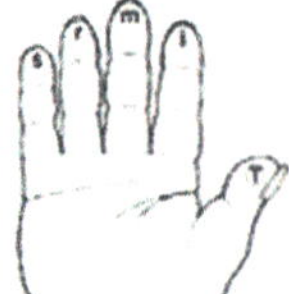

오른손은 기타의 리듬,피킹,아르페이지오등 주법에 사용
아르페이지오(분산화음)에서는 T, i m r s 로 표기
　T 손가락은 6,5,4번 현 담당
　i 손가락은 3번 현 담당
　m 손가락은 2번 현 담당
　r 손가락은 1번현 현 담당
피크사용시 T와 i 손가락 사용

오른손 명칭

07. 튜너를 사용한 튜닝법(음조율) 알아보기

● 튜너(음조율기)로 기타현음정맞추기(튜닝)

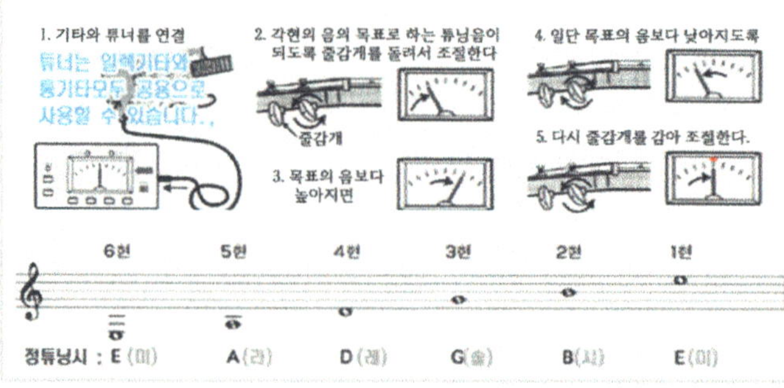

08. 청음를 사용한 네츄럴튜닝법(음조율) 알아보기

(튜닝은 여러방법이 있습니다. 예를 들어 네츄럴하모닉스 튜닝 튜닝기계를 이용한 튜닝 등이 있지만 이번시간엔 기본이 되는 개방현을 청음(음을듣기)튜닝 방법을 알아 보겠습니다.)(청음튜닝은 많은 노력이 필요함을 알려드립니다.)

5프렛 튜닝법
가장 많이 쓰이는 튜닝법으로 여기서는 피치 파이프(Pitch Pipe)를 통한 튜닝 방법을 설명하겠다. (다른 악기를 통한 튜닝도 같은 방법으로 하면 된다.)
또한 튜너를 사용하여 튜닝(조율)할 수 있다

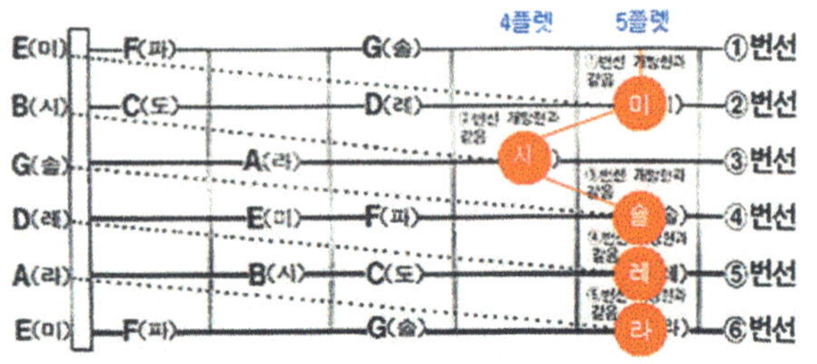

위 그림을 간단히 글로 정리해 보면....
1. 피치 파이프를 이용하여 ⑤번선 개방음을 정확히 A(음)으로 맞춘다.
2. ⑤번선의 5프렛 음정으로 D음이 나오는데 이 음을 ④번선 개방현에 맞춘다.
3. ④번선의 5프렛 음정으로 G음이 나오는데 이 음을 ③번선 개방현에 맞춘다.
4. ③번선의 5프렛 음정으로 B음이 나오는데 이 음을 ②번선 개방현에 맞춘다.
5. ②번선의 5프렛 음정으로 E음이 나오는데 이 음을 ①번선 개방현에 맞춘다.
6. ①번선의 개방음(E음)에 ⑥번선의 개방음(E음)을 맞춘다.
7. ⑥번선이 정확한 음으로 조율됐는지 확인하려면
　 ⑥번선 5프렛을 누르고 ①번선 개방음과 비교해 본다.
8. 1~7까지 한두 차례 확인해 보도록 하자.

09. 플로이드로즈(형)브릿지 튜닝법(음조율) 알아보기

10. 악보보는법(음표/쉼표/타블레춰(TAB))악보 알아보기

● 기타기초 테크닉 악보기호 설명

⊓	다운피킹 - 현을 위에서 아래로 내려치는 피킹
V	업피킹 - 현을 아래에서 위로 올려치는 피킹
cho	쵸킹(밴딩) - 현을 위또는 아래로 올려 연주함
- C -	쵸킹(밴딩) 종류 - 한음반/한음/반음/쵸킹다운/더블/유니즌/ 쿼터/쵸킹비브라토 등이 있음
C/D	쵸킹다운 - 쵸킹 후 현을 위또는 아래로 음을 계속 음을유지하며 움직여 처음 쵸킹전의 음으로 돌아오는 쵸킹연주
- H -	해머링 온 - 왼손핑거를 피킹없이 망치로 현을 내려치듯 연주
- P -	풀링오프 - 왼손핑거를 피킹없이 아래로 현을 핥키듯 뛰어주며 연주
- S -	슬라이드 - 시작음과 끝나는음이 정해진상태에서 미끄러지듯이 연주
geiss	글리스 - 시작음과 끝나는음이 비정확한 상태에서 미끄러지듯이 연주
Vib^^^	비브라토 - 위라래로 또는 좌우로 현의 떨림을 주어 연주 (예 보이스 바이브레리션 효과와같음)
- M -	뮤트 - 원음사운드에 손을 현에 살짝대어 연주 (즉, 묵음을 말함)
Tr	트릴 - 해머링온과 풀링오프 테크닉을 반복적으로 사용해 연주
•	스타카토 - 끊어지듯이 연주
Arm	트레몰로암 - 트레몰로암을 위아래 또는 상하로 움직여 연주
Pick griss	피크 글리스(포리타멘토) - 피크의 한면을 세워 현에 대고 미끄러져 연주
Hr	네추럴 하모닉스 - 지정된 핑거보드 플렛 현위에서 연주
P.hr	피킹하모닉스 - 피크와 오른손 업지핑거를 사용해 현을 내려침과 동시에 현에서 엄지핑거를 살짝대고 떼어주며 연주

원음 - 피아노의 하얀건반 도레미파솔라시도를 원음이라고 합니다.
그리고 이러한 계이름은 각 나라마다 다르게 부르고 있습니다.
아래 그림을 참고 하세요.

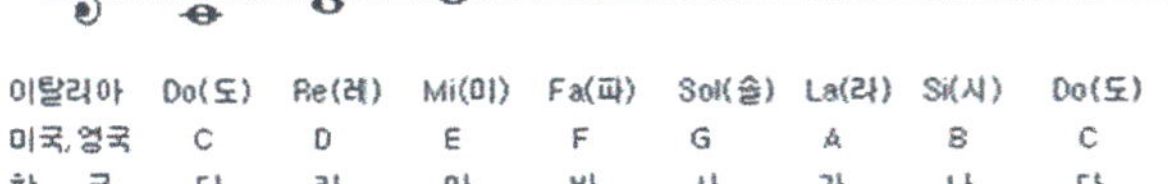

이탈리아	Do(도)	Re(레)	Mi(미)	Fa(파)	Sol(솔)	La(라)	Si(시)	Do(도)
미국,영국	C	D	E	F	G	A	B	C
한 국	다	라	마	바	사	가	나	다

온음과 반음
서양음악은 7음계 이며 도레미파솔라시에서 미파와 시도는 반음입니다.
피아노 건반에서 미파와 시도 사이에는 검정건반이 없습니다.
즉 계단으로 보면은 미파와 시도는 반계단을 올라가는것입니다

사이음이란?
피아노의 검정건반음을 사이음이라고 합니다.

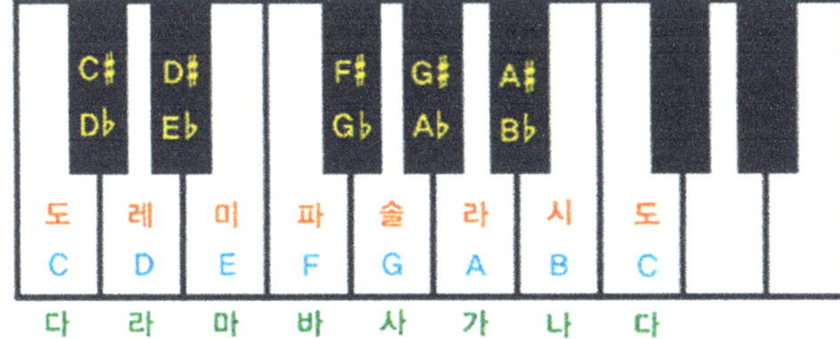

옥타브 - 기준음에서 8번째 음가지를 1옥타브라고 합니다.
도를 기준으로 한다면 낮은도와 높은도사이가 1옥타브가 되겠지요.

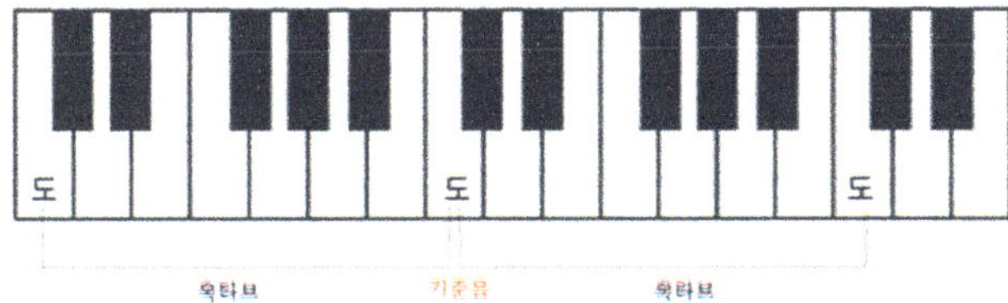

보 표
음표를 기입하기 위해서는 오선지를 사용합니다.
여기에 음자리표를 기입한 것을 보표라고 합니다.
즉 악보를 그리거위한 원고지 입니다.

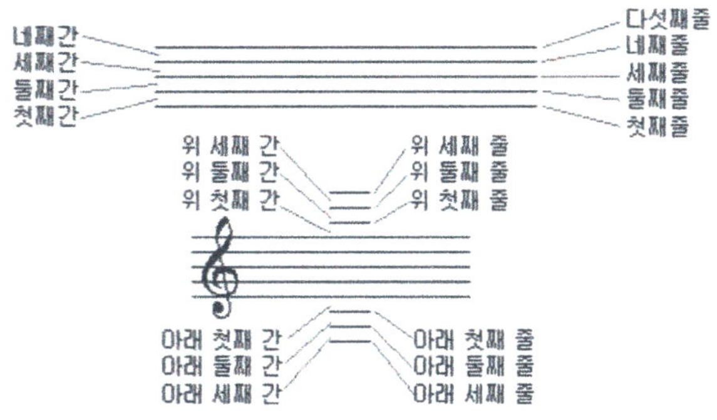

음 표
음표는 오선지에 기록이 되면서 길이와 음정을 나타내게 됩니다.

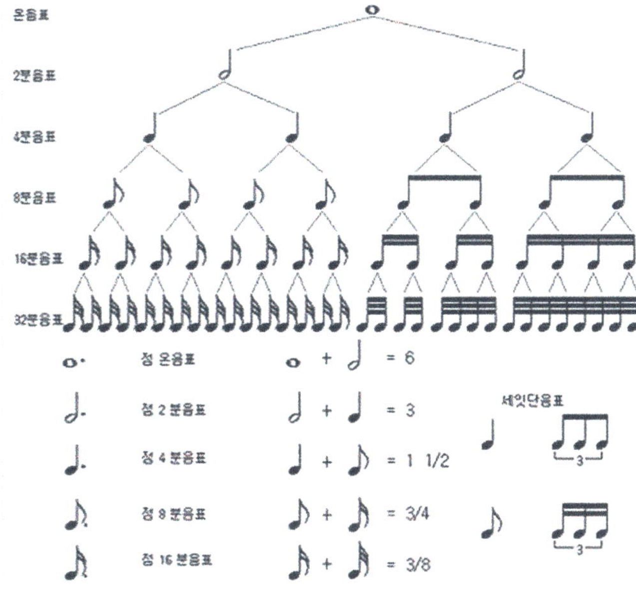

정 온음표   o + ♩ = 6
정 2 분음표   ♩ + ♪ = 3
정 4 분음표   ♩ + ♪ = 1 1/2
정 8 분음표   ♪ + ♪ = 3/4
정 16 분음표   ♪ + ♪ = 3/8

세잇단음표

쉼표는 소리없이 진행함, 음표와 더불의 곡을 이루는데 있어 아주 중요한 요소입니다.

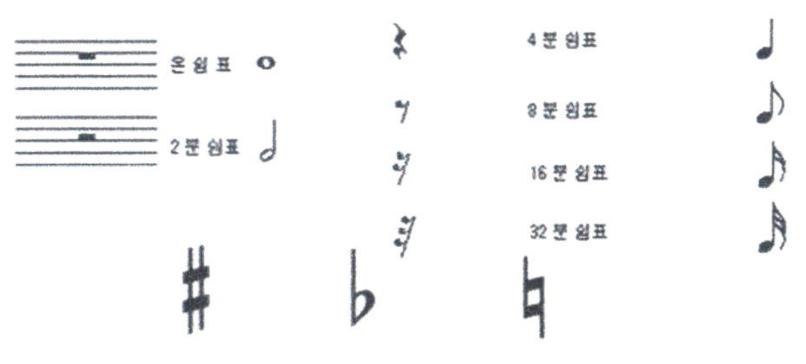

음자리표
높은 음자리표와 낮은 음자리표가 있으며 낮은 음자리표는
절대음보다 2음낮게 표기한다.

낮은 음자리표는 피아노의 왼손반주, 첼로, 베이스 기타 등
주로 저음악기의 악보로 쓰인다.

높은 음 자 리 표   낮은 음 자 리 표
기준음 - 솔(G)   기준음 - 파(F)

마디
마디는 세로줄로로 구분이 됩니다. 4/4박자 이면 1마디안에 4분음표가
4개가 들어갑니다.
즉 1마디안에서 음표와 쉼표에 의한 박자의 합이 정확하게 맞아야 됩니다.

첫째마디   둘째마디   세째마디   네째마디

10. 악보보는법(음표/쉼표/타블레춰(TAB))악보 (Page-3과 연결)

악보 보는법 알아보기

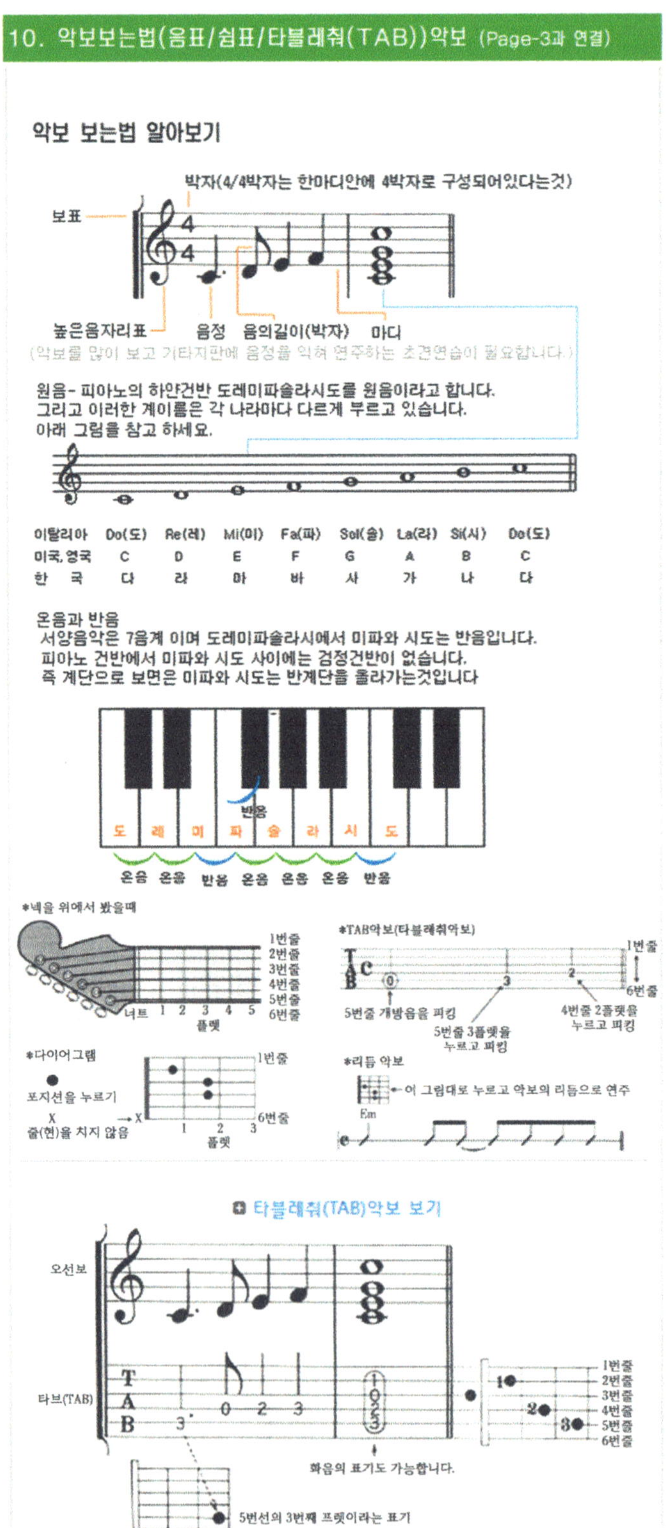

타블레춰(TAB)악보 보기

원음- 피아노의 하얀건반 도레미파솔라시도를 원음이라고 합니다.
그리고 이러한 계이름은 각 나라마다 다르게 부르고 있습니다.
아래 그림을 참고 하세요.

온음과 반음
 서양음악은 7음계 이며 도레미파솔라시에서 미파와 시도는 반음입니다.
 피아노 건반에서 미파와 시도 사이에는 검정건반이 없습니다.
 즉 계단으로 보면은 미파와 시도는 반계단을 올라가는것입니다

11. 싱크로나이즈(형)브릿지 기타줄교체 알아보기

12. 플로이드로즈(형)브릿지 기타줄교체 알아보기

13. C - C7 - Cm - Cm7(오픈.바레)코드 알아보기

● 루트음(으뜸음)　○ 3 5 7도 음　✕ 뮤트(소리내지않음)

C

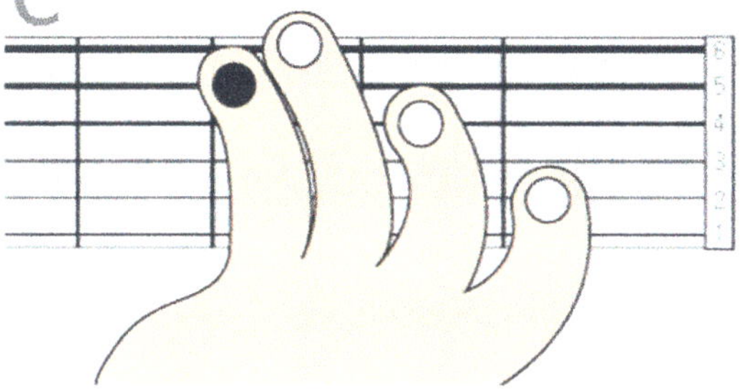

C7

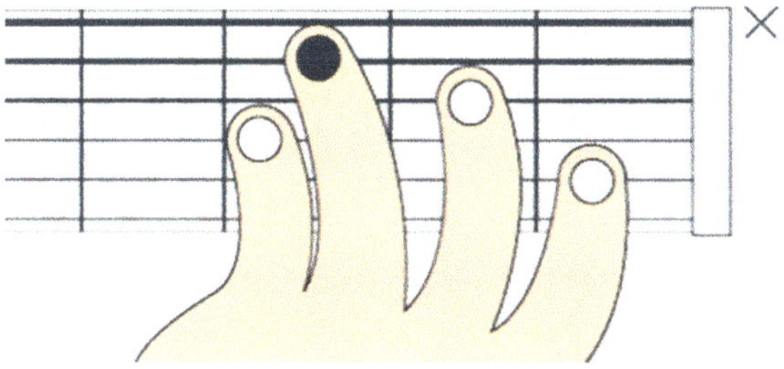

Cm

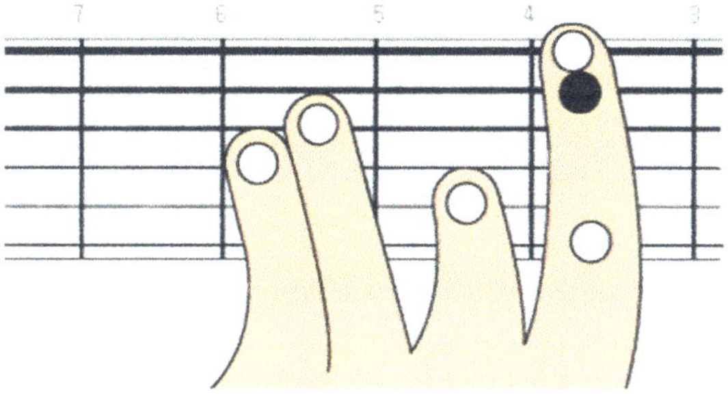

Cm7

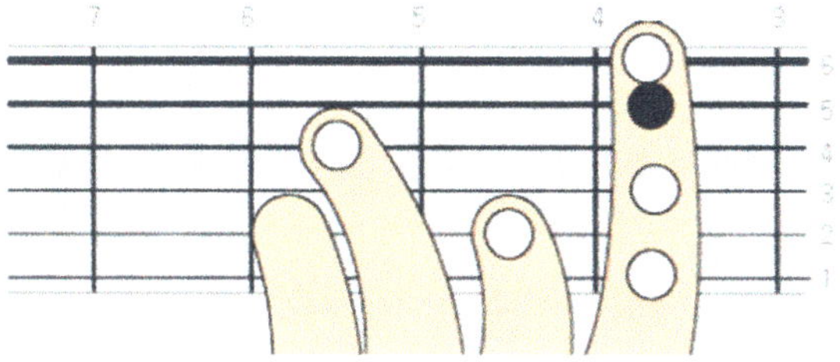

14. D - D7 - Dm - Dm7(오픈.바레)코드 알아보기

● 루트음(으뜸음)　○ 3 5 7도 음　✕ 뮤트(소리내지않음)

D

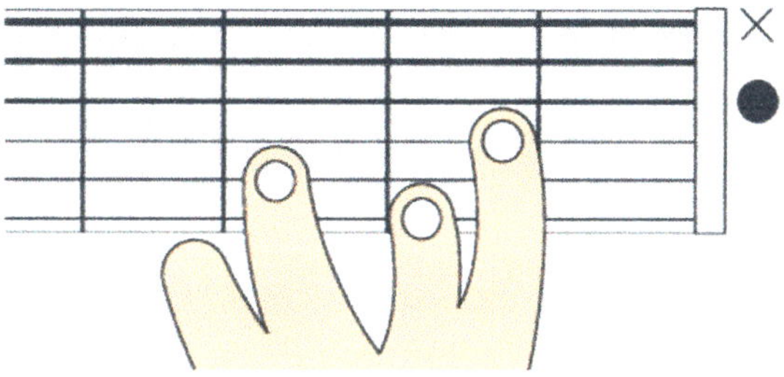

D7

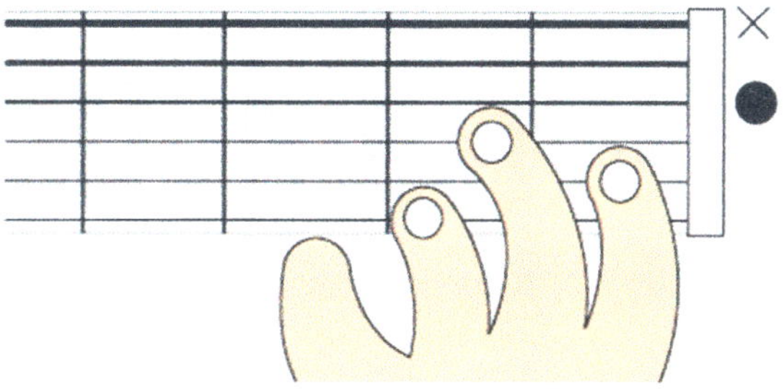

Dm

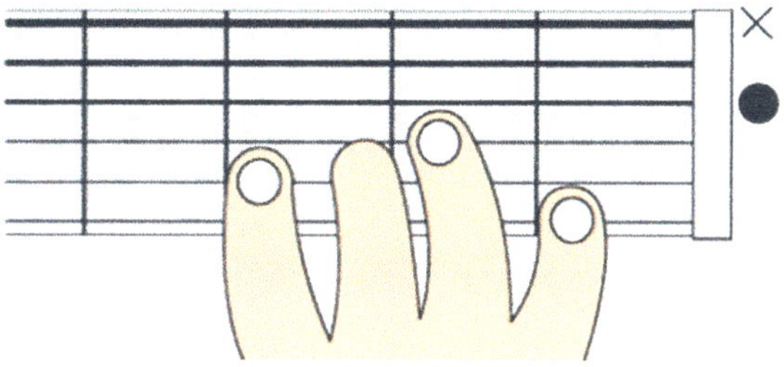

Dm7

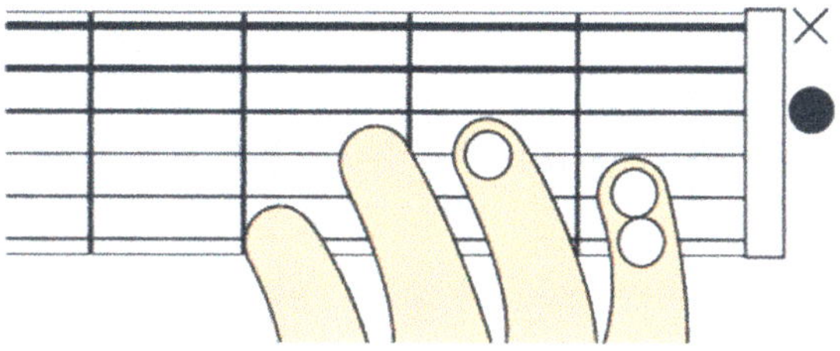

15. E - E7 - Em - Em7(오픈.바레)코드 알아보기

16. F - F7 - Fm - Fm7(오픈.바레)코드 알아보기

● 루트음(으뜸음)　　○ 3,5,7도 음　　✕ 뮤트(소리내지않음)

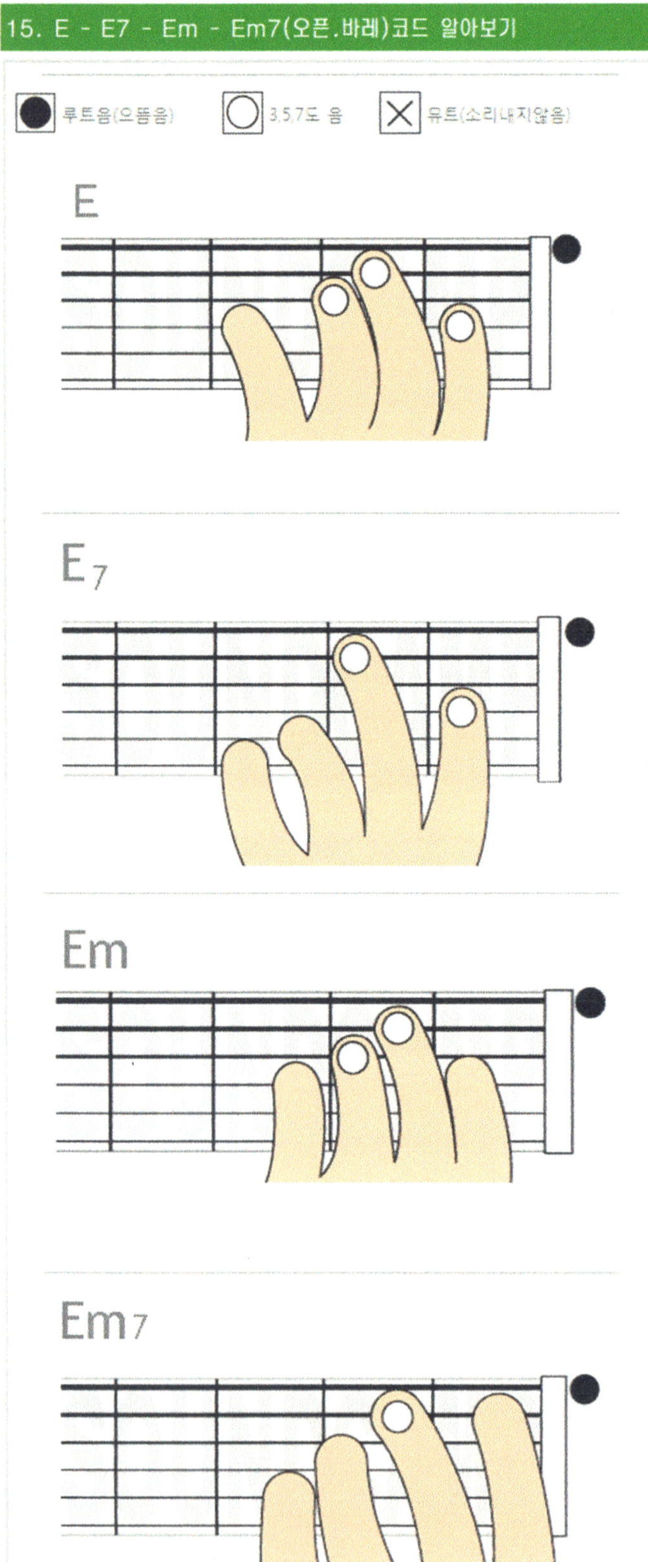

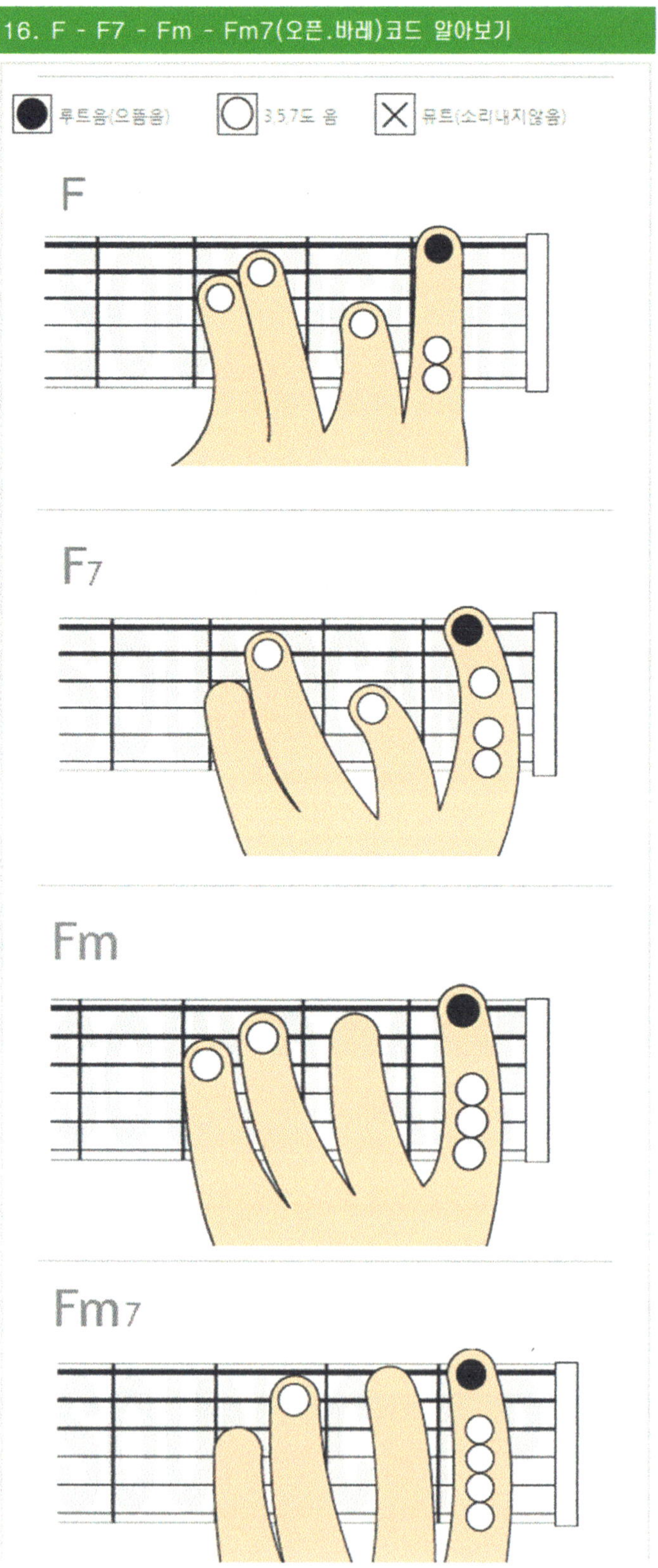

17. G - G7 - Gm - Gm7(오픈.바레)코드 알아보기

 루트음 으뜸음    3.5.7도 음    뮤트 소리나지않음

G

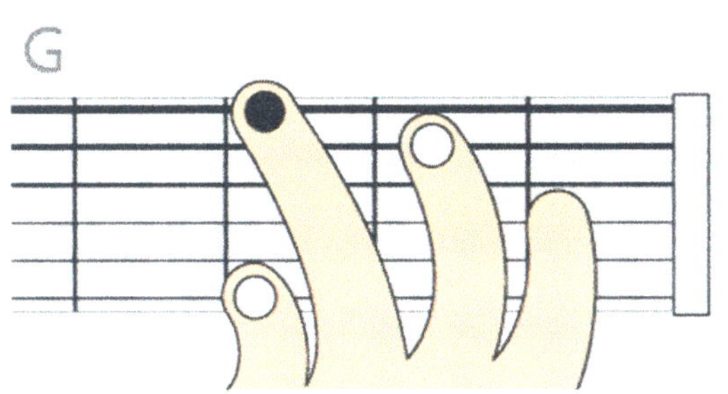

G7

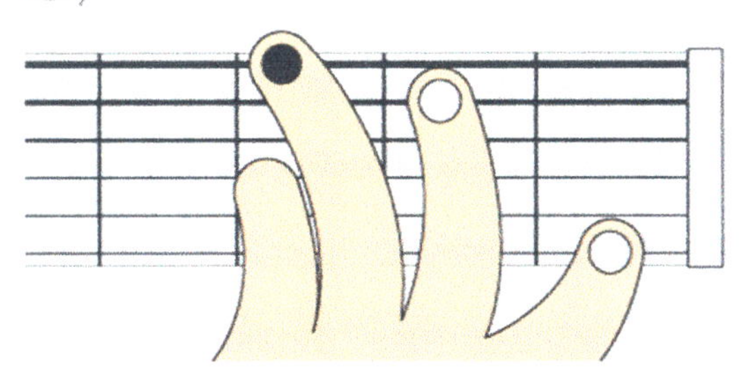

Gm

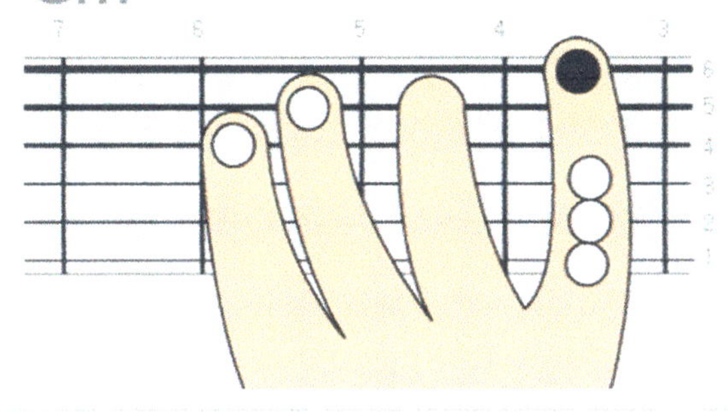

Gm7

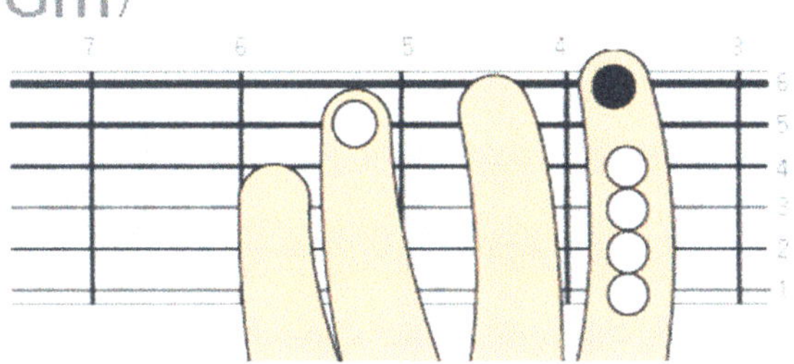

18. A - A7 - Am - Am7(오픈.바레)코드 알아보기

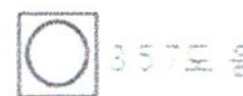 루트음 으뜸음    3.5.7도 음   뮤트 소리나지않음

A

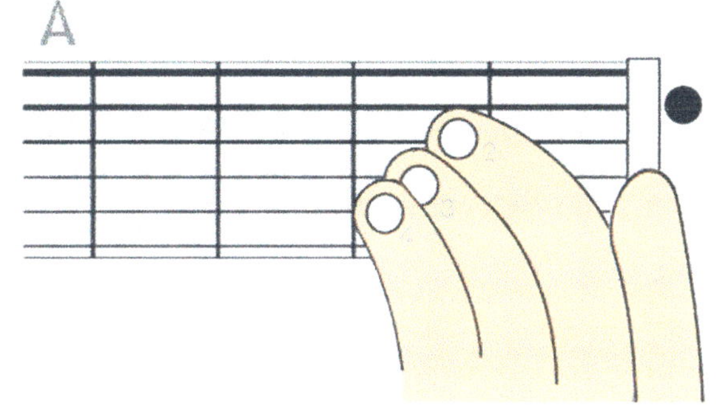

A7

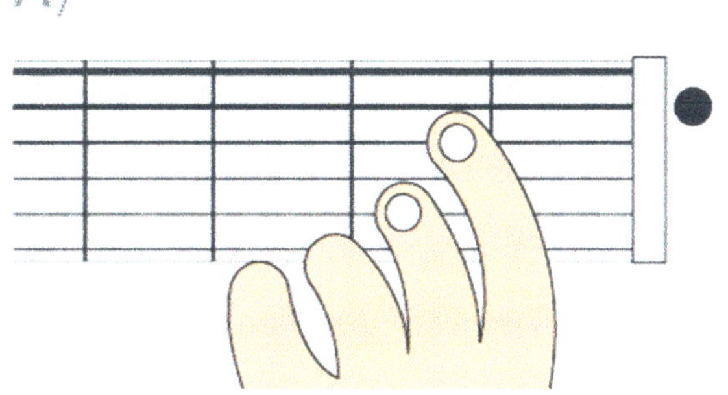

Am

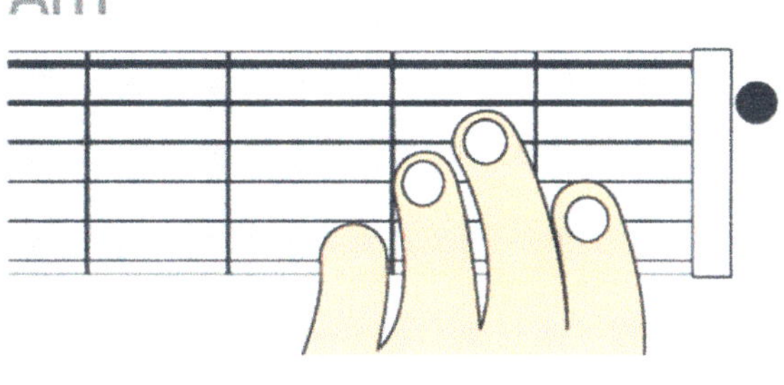

Am7

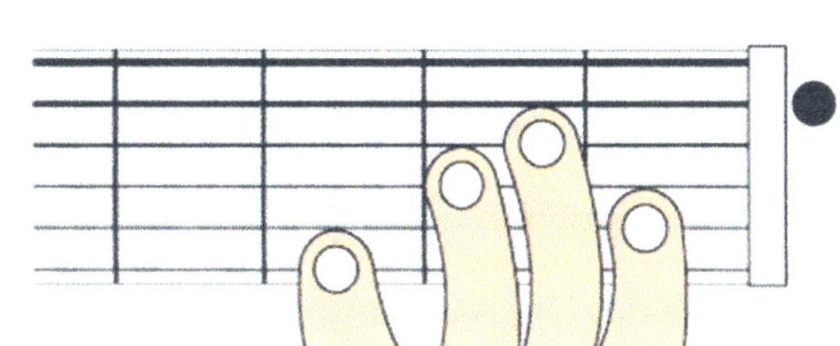

일렉기타 코드부문 강좌

● 루트음(으뜸음)　　○ 3,5,7도 음　　✕ 뮤트(소리내지않음)

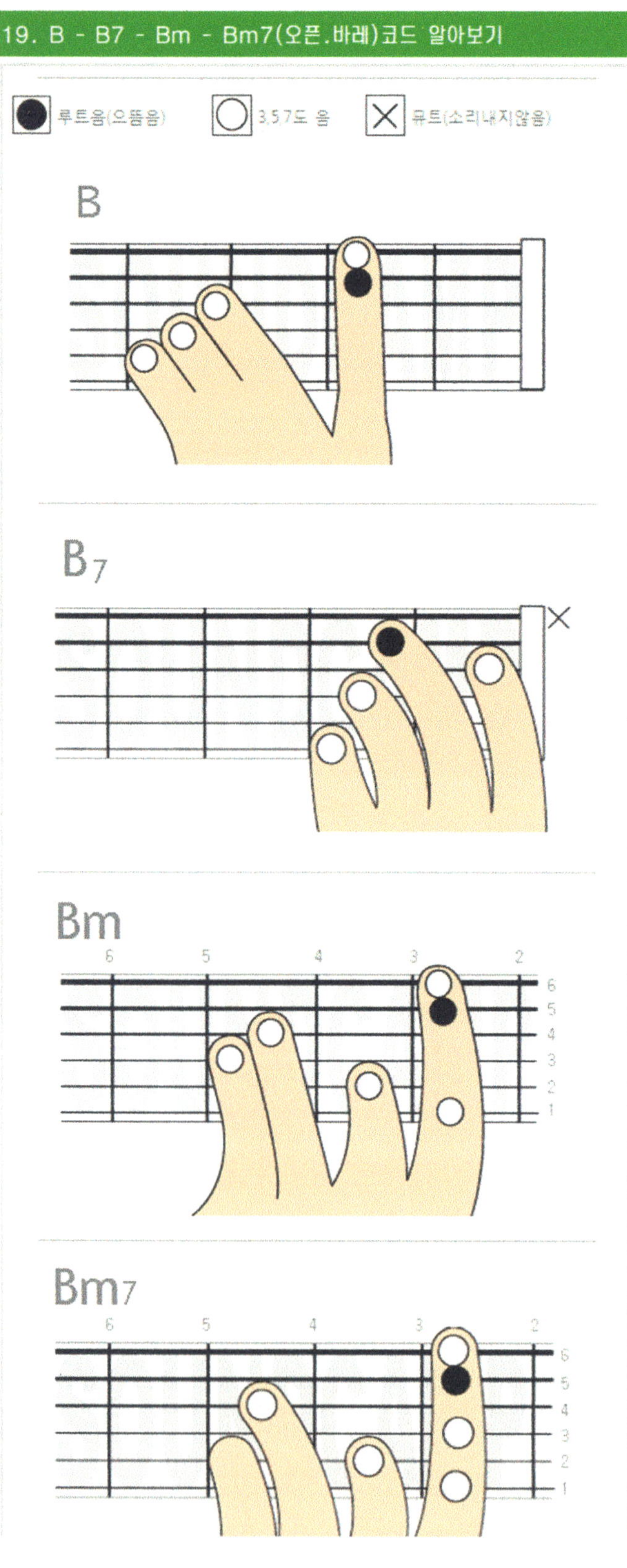

20. C - Power (파워)코드 알아보기

● 루트음(으뜸음)　　○ 3.5.7도 음　　✕ 뮤트(소리내지않음)

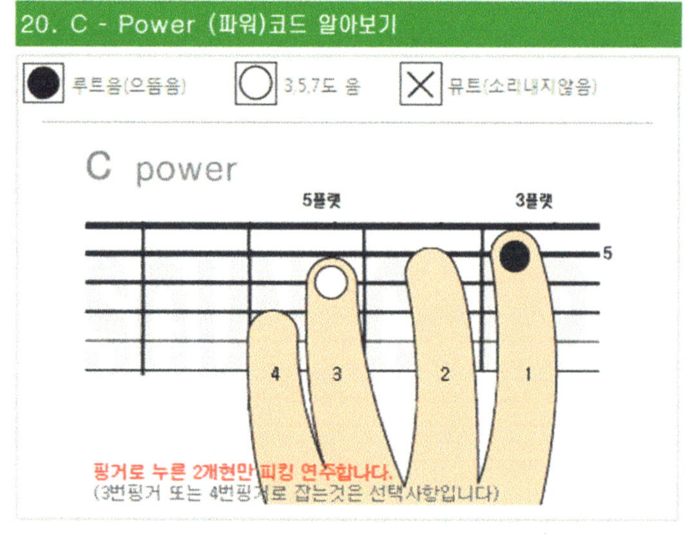

21. D - Power (파워)코드 알아보기

● 루트음(으뜸음)　　○ 3.5.7도 음　　✕ 뮤트(소리내지않음)

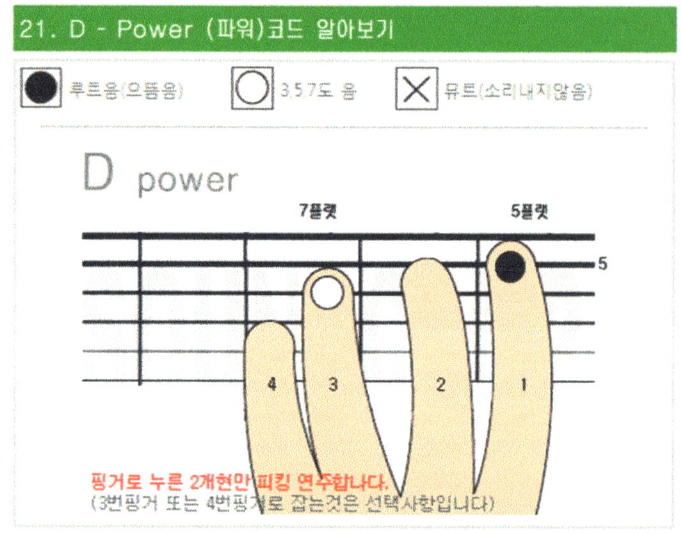

22. E - Power (파워)코드 알아보기

● 루트음(으뜸음)　　○ 3.5.7도 음　　✕ 뮤트(소리내지않음)

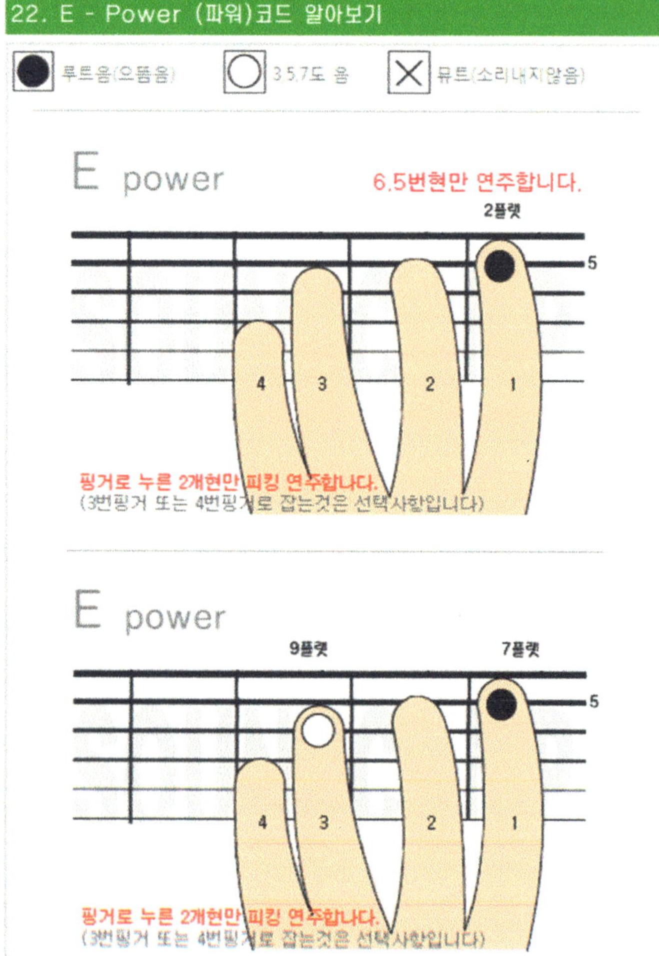

일렉기타 코드부문 강좌

23. F - Power (파워)코드 알아보기

● 루트음(으뜸음)   ○ 3.5.7도 음   ✕ 뮤트(소리 내지않음)

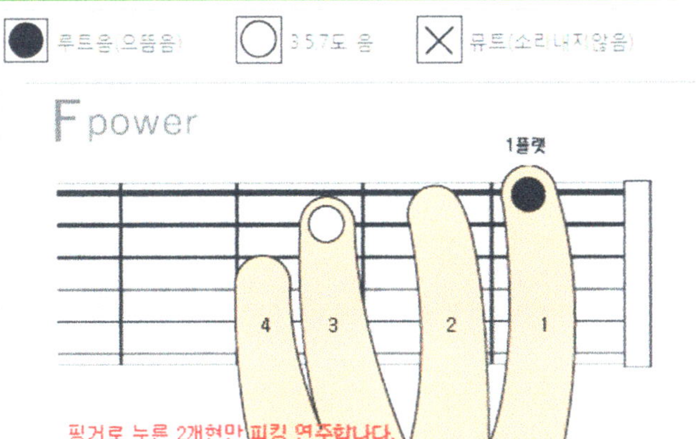

핑거로 누른 2개현만 피킹 연주합니다.
(3번핑거 또는 4번핑거로 잡는것은 선택사항입니다)

25. A - Power (파워)코드 알아보기

● 루트음(으뜸음)   ○ 3.5.7도 음   ✕ 뮤트(소리 내지않음)

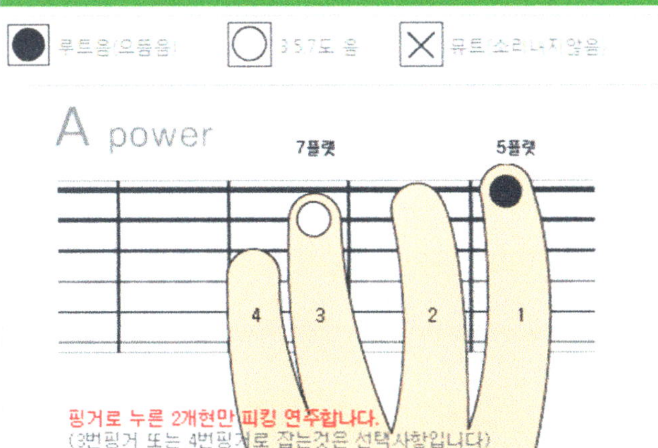

핑거로 누른 2개현만 피킹 연주합니다.
(3번핑거 또는 4번핑거로 잡는것은 선택사항입니다)

26. B - Power (파워)코드 알아보기

● 루트음(으뜸음)   ○ 3.5.7도 음   ✕ 뮤트(소리 내지않음)

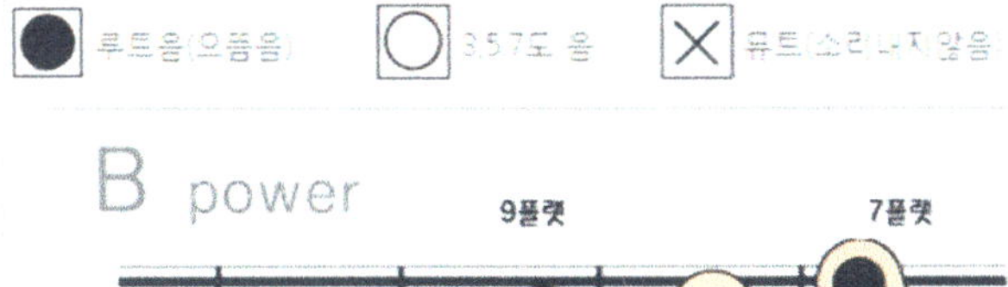

핑거로 누른 2개현만 피킹 연주합니다.
(3번핑거 또는 4번핑거로 잡는것은 선택사항입니다)

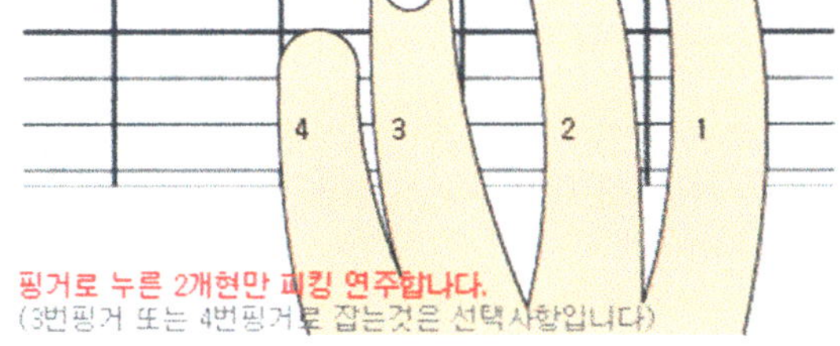

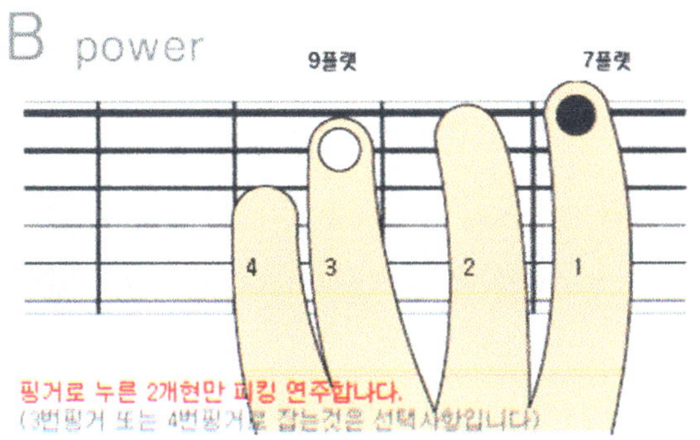

핑거로 누른 2개현만 피킹 연주합니다.
(3번핑거 또는 4번핑거로 잡는것은 선택사항입니다)

24. G - Power (파워)코드 알아보기

● 루트음(으뜸음)   ○ 3.5.7도 음   ✕ 뮤트(소리 내지않음)

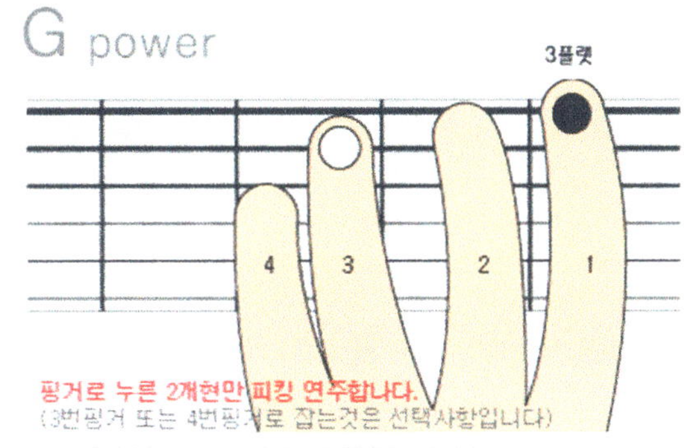

핑거로 누른 2개현만 피킹 연주합니다.
(3번핑거 또는 4번핑거로 잡는것은 선택사항입니다)

일렉기타 리듬부문 강좌

27. 리듬부문강좌 이용전 기타 key 튜닝 및 사용안내(필독)

● 튜너(음조율기)로 기타현음정맞추기(튜닝) G# 또는 Ab 음정으로 튜닝

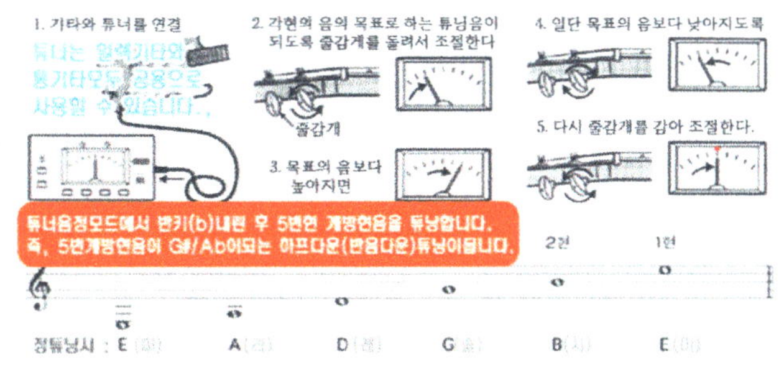

튜너음정모드에서 반키(b)내린 후 5번현 계방현음을 튜닝합니다.
즉, 5번계방현음이 G#/Ab이되는 하프다운(반음다운)튜닝이므로합니다.

28. 피크잡는법 & 오른손 스트로크 알아보기

다운피킹법

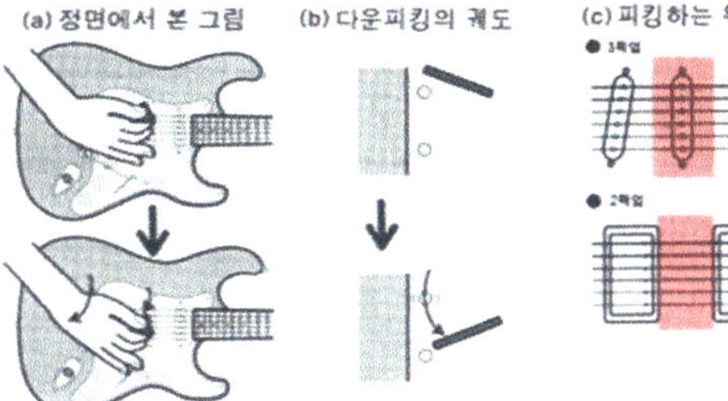

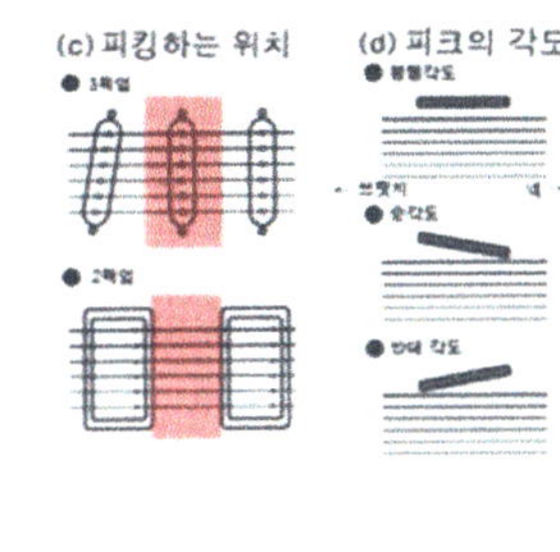

업피킹법

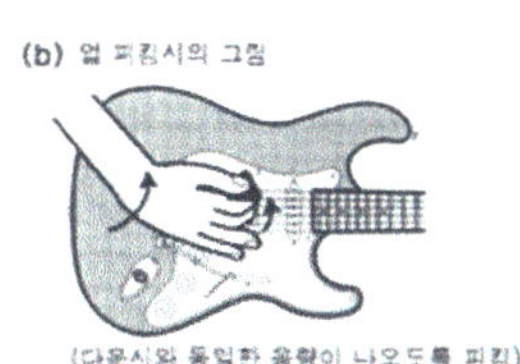

피크종류 및 잡는법

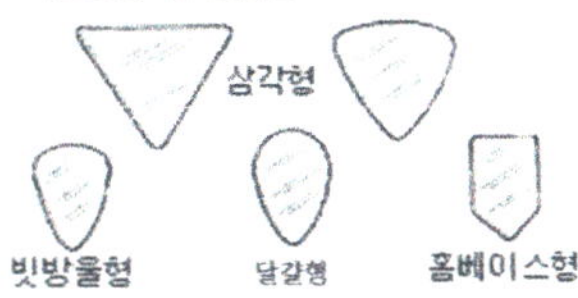

피크란? 오른손 주법시 사용되는 도구이다.
구체적 멜로디와 빠른 연주사용시 이용
빗방울형, 삼각형, 홈베이스현등
여러 종류가 있슴 또한 두께와 재질도한 여러
종류이다.

● 피크는 일반적으로 쉽게 움켜쥠 잡듯이
편안하게 잡으셔야 피크컨트롤이 용이하게 됩니다.

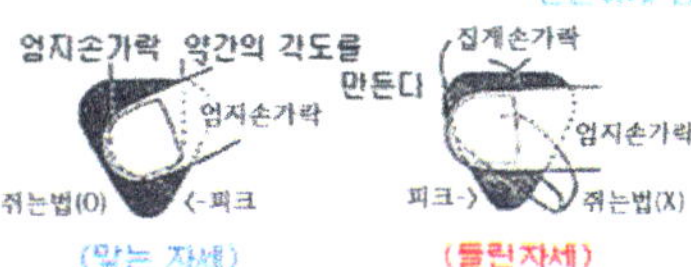

그림과 같이 피크는 잡는 자세에
따라 기타연주에 큰영향을 주는
요소이다.
꾸준한 연습으로 올바른 피킹자세를
익히는 것이 중요함.

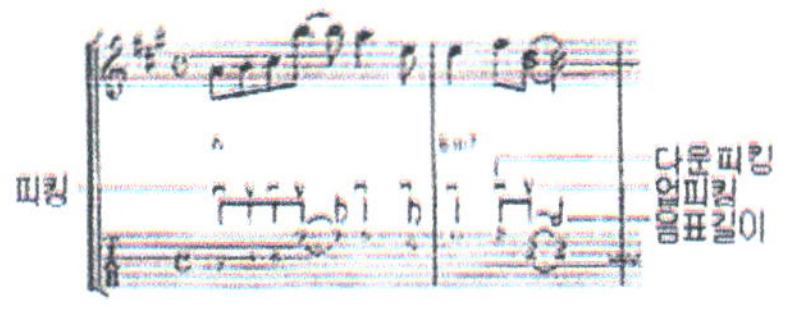

29. 왈츠(Waltz)리듬(4/3박) 알아보기

왈츠(Waltz) 4/3박자

18세기말에 오스트리아 바이에른 지방에서 독일 무곡의 영향으로 생겨난
보통 빠르기의 박자 춤곡입니다. 원래 왈츠는 남녀가 서로 끌어안고 원을
그리면서 추는 춤이었는데, 상류사회로 유행하기 시작한 것은 프랑스혁명
과19세기 사회구조의 변화 덕분이었습니다. 19, 20세기를 통하여 여러
가지 왈츠의 형식이 발전하였고, 오늘날에도 사교 댄스나 발레 음악에
없어서는 안될 춤과음악이 되었습니다.

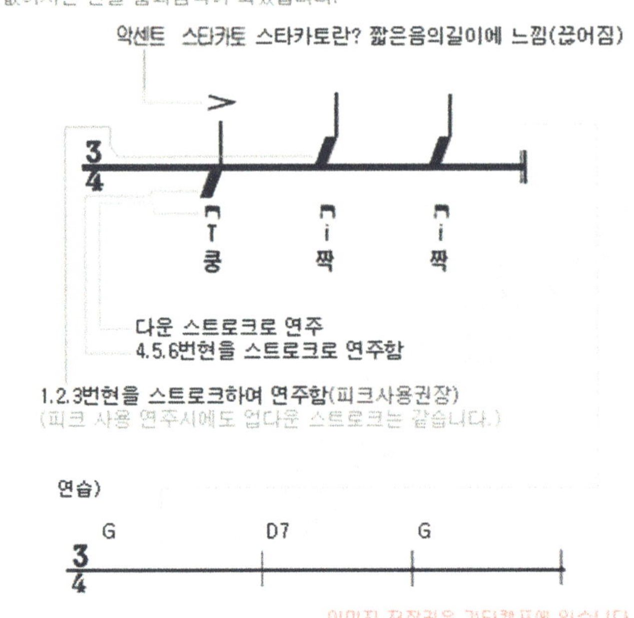

1.2.3번현을 스트로크하여 연주함(피크사용권장)
(피크 사용 연주시에도 업다운 스트로크는 같습니다.)

연습)

30. 4비트(4beat)리듬 알아보기

4비트(4 Beat) 4/4박자

4비트는 곡의 템포가 빠른 것에서부터 느린 것에 이르기까지 넓게
사용되고 있으므로 꼭 익혀두어야 하는 기본적인 리듬의 한 종류입니다
둘째 박과 넷째 박에 악센트를 넣고, 첫 박과 셋째 박은 약간 스타카토를
시키는 기분으로 연주합니다. 각 박자 사이의 여운을 가볍게 커팅시키는
요령도 필요합니다.

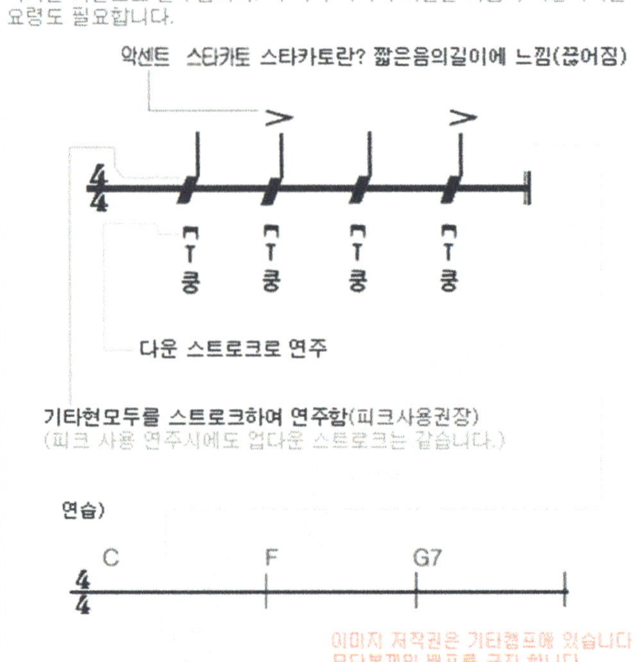

기타현모두를 스트로크하여 연주함(피크사용권장)
(피크 사용 연주시에도 업다운 스트로크는 같습니다.)

연습)

31. 8비트(4beat)리듬 알아보기

8Beat(고고(Go Go)) 4/4박자

트위스트, 럼보, 몽키 등 60년대 중반에 유행한 댄스
뮤직의 총칭이 '고고'입니다라고 부르는 리듬은 정확히 얘기해서
8비트라고하는 것이 좋습니다

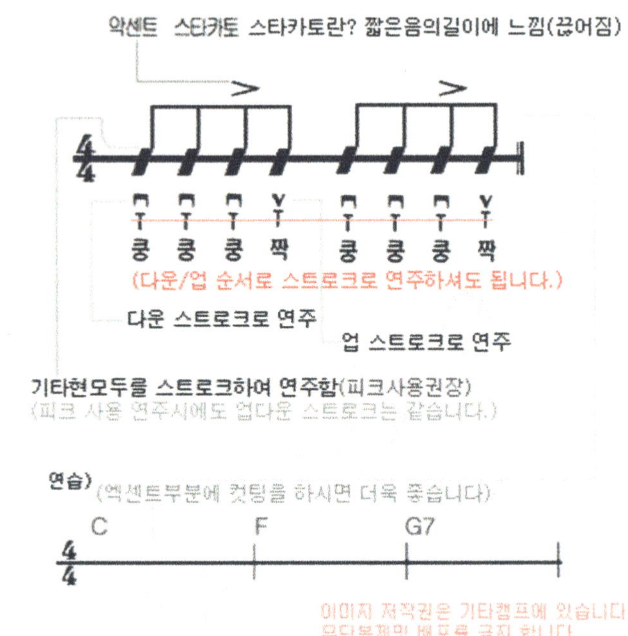

기타현모두를 스트로크하여 연주함(피크사용권장)
(피크 사용 연주시에도 업다운 스트로크는 같습니다.)

연습) (엑센트부분에 컷팅을 하시면 더욱 좋습니다)

32. 8비트(8beat)디스토션사운드 리프(Rliff) 알아보기

8비트 디스토션사운드뮤트 리프(Riff)

오버드라이브 또는 디스토션 사운드에서 오른손 뮤트주법을 이용해
비트를 만들거나 연주함.

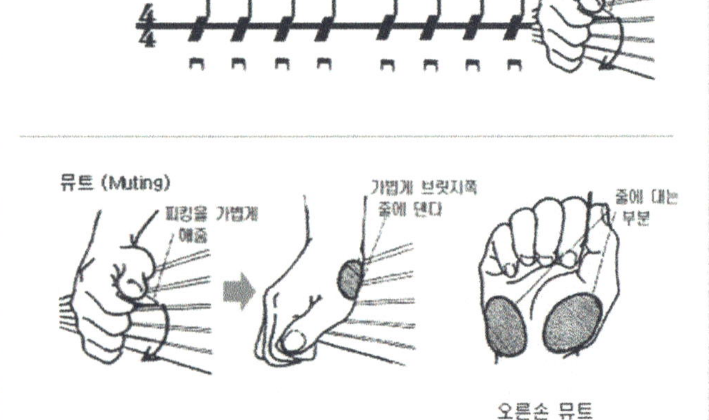

일렉기타 리듬부문 강좌

33. 16비트(4beat)리듬 알아보기

16비트(16 Beat) 4/4박자

8비트에서 쉐이크를 거쳐 16분 음표를 사용하는 16비트로, 이렇게 리듬은 복잡하게 발전해 나아가고 있습니다.
(첫박에 억센트와 함께 빠르고 정확하게 연주하는 것이 중요합니다.)

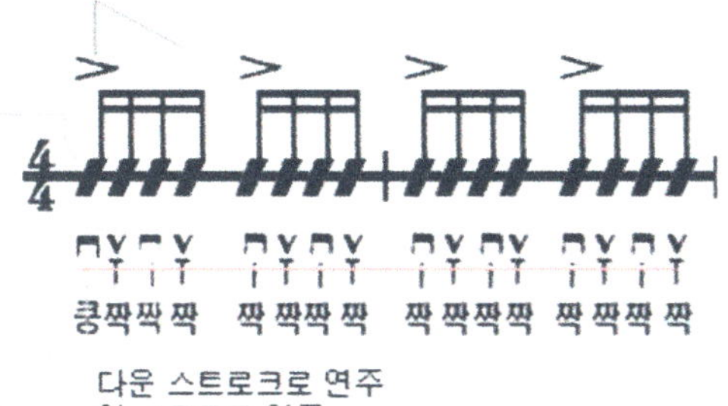

다운 스트로크로 연주
업 스트로그 연주

기타현모두를 스트로크하여 연주함(피크사용권장)

연습)

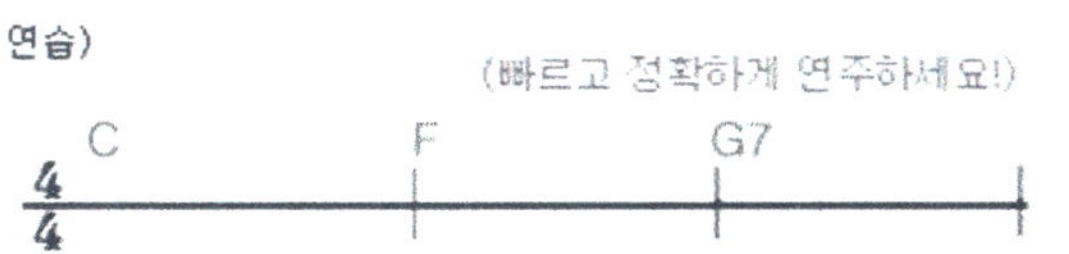

34. 슬로우락(Slow Rock)리듬 알아보기

슬로우 록(Slow Rock) 12비트(12 Beat)

1940년대에 이르러 블루스 음악은 부기우기와 셔플로부터 생겨난 강렬한 댄스 비트와 어울려서 R&B로 발전합니다. 그 후 R&B는 로큰롤을 낳았지만, 발라드하면서 조금 느린 록음악에서는 R&B의 리듬 패턴을 계속 사용하였습니다. 결국 R&B나 록 발라드나 슬로우 록은 같은 패턴의 리듬입니다. 록 블루스(Rock Blues)라고도 합니다.
리듬의 여러 가지 이름 중에서 비교적 비트가 약한 것이 슬로우 록입니다.

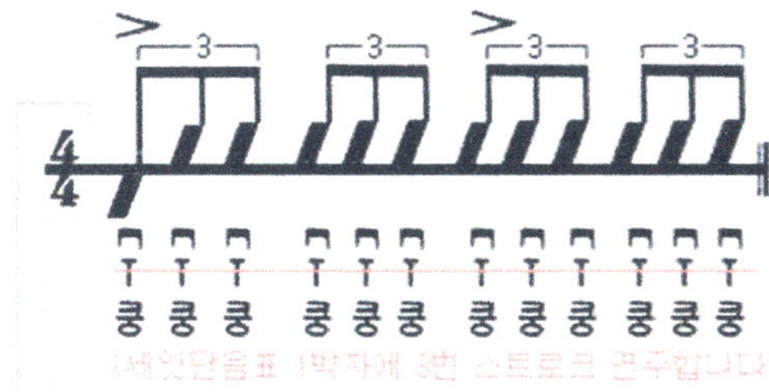

다운 스트로크로 연주
4.5.6번현을 스트로크로 연주함

1.2.3번현을 스트로크하여 연주함(피크사용권장)

연습)

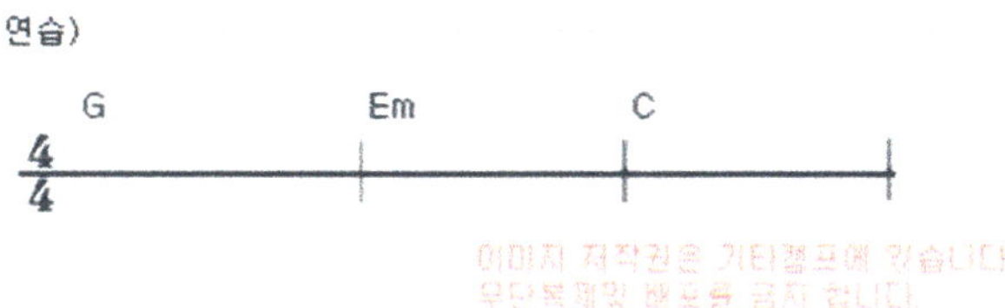

35. 슬로우고고(Slow GoGo)리듬 알아보기

슬로우 고고(Slow GoGo) 4/4박자

조금 느린 템포의 8비트입니다.
통기타 리듬 연주 중 많이 사용되는 리듬입니다.
발라드 품의 느린템포의 곡을 연주시 많이 사용 됩니다.

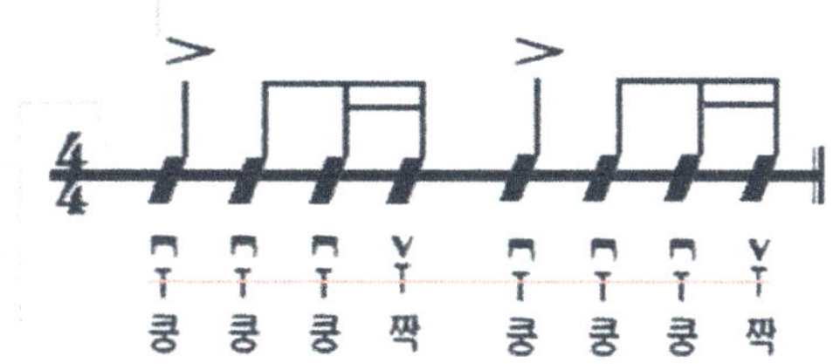

다운 스트로크로 연주
업 스트로크로 연주

기타현모두를 스트로크하여 연주함(피크사용권장)

연습)

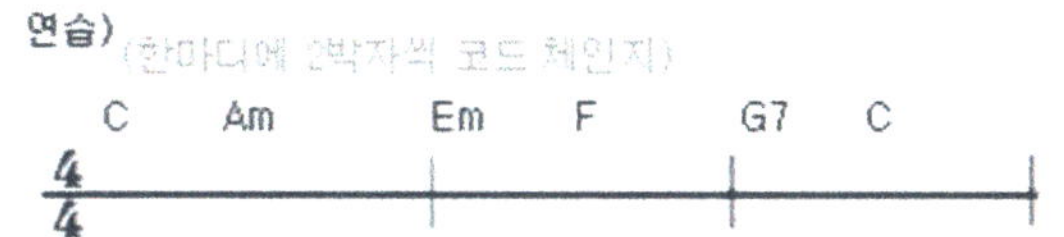

다른 패턴의 슬로우고고 Slow GoGo

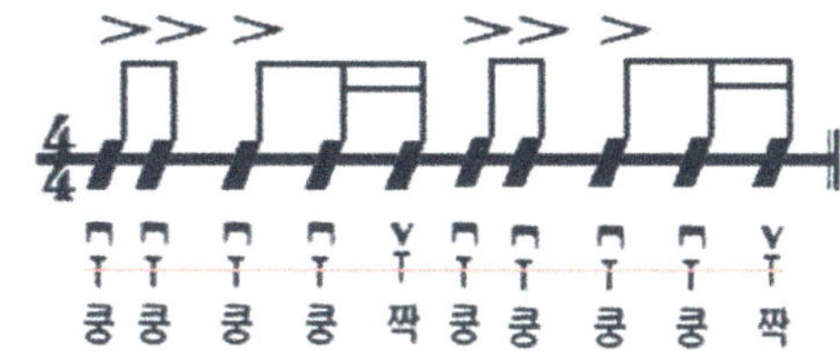

36. 고고(GoGo)리듬 알아보기

고고(Go Go) 4/4박자

트위스트, 룸보, 몽키 등 60년대 중반에 유행한 댄스 뮤직의 총칭이 '고고'입니다라고 부르는 리듬은 정확히 얘기해서 8비트라고하는 것이 좋습니다

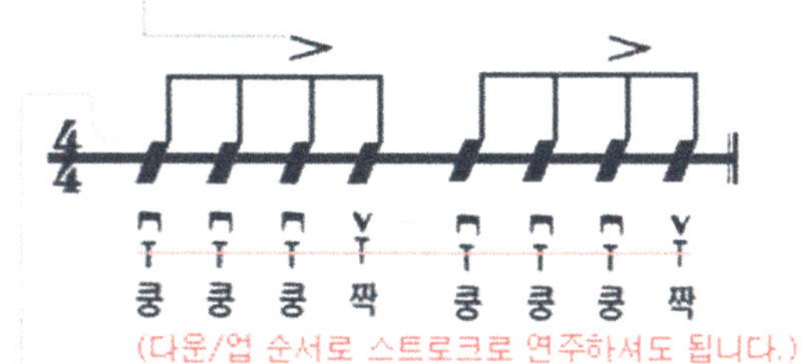

(다운/업 순서로 스트로크로 연주하셔도 됩니다.)

다운 스트로크로 연주
업 스트로크로 연주

기타현모두를 스트로크하여 연주함(피크사용권장)

연습)

일렉기타 리듬부문 강좌

37. 트로트(Trot)리듬 알아보기

Trot(트로트) (4/2)박자(한마디에 2박자를 연주함)

가장 단순한 형태의 리듬이지만 무시할 수 없을 정도로 아주 많은 곡에 쓰이는 것으로 우리가 흔히 말하는 '뽕짝'이라는 리듬의 형태가 바로 이것입니다.
'뽕짝'은 이 리듬의 느낌을 의성어로 발음한 것이라고 합니다. 아래에 리듬의 형태를 보시면 이해가 가실 것입니다.

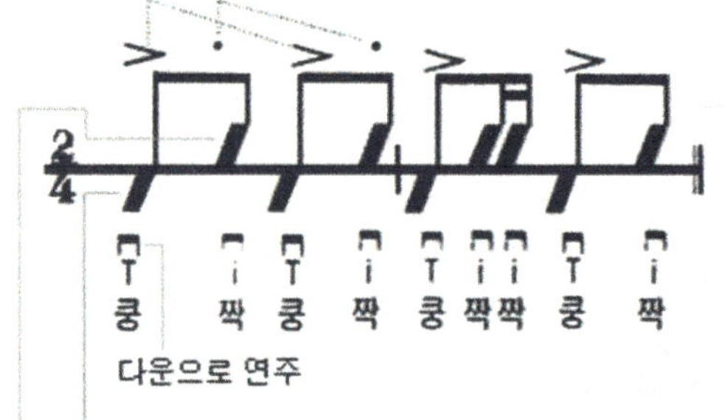

기타현 4,5,6번(저음부)현을 엄지 핑거로 다운으로 연주함

기타현 1,2,3번(고음부)현을 손바닥을 펴주며 다운으로 연주함
(피크 사용 연주시에도 업다운 스트로크는 같습니다.)

연습)

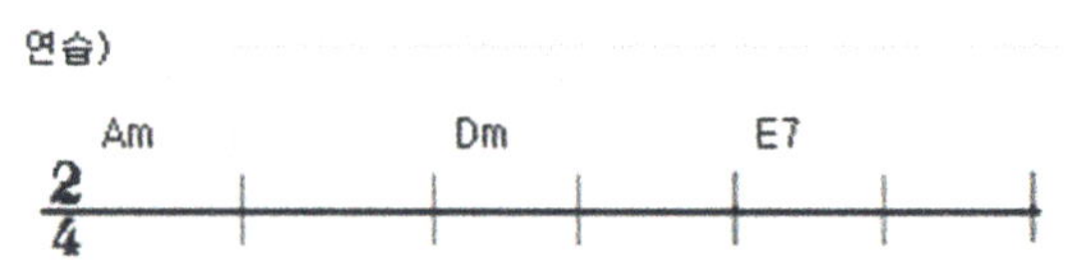

39. 칼립소(Calypso)리듬 알아보기

칼립소(Calypso) 4/4박자

팝 음악의 뿌리를 찾다보면 크게 유럽의 전통 음악과 아프리카의 흑인 음악으로 나눌 수가 있는데, 칼립소(Calypso), 삼바(Samba), 보사노바(Bossanova),레게(Reggae), 분만 아니라 재즈에서 사용되는 리듬의 거의 대부분은 아프리카 흑인들이 노예로 팔려나가서 세계 각 지역마다 독특한 리듬을 만들어 발전시킨것들입니다.(흑인 음악에서 비롯 미치고 있습니다.)

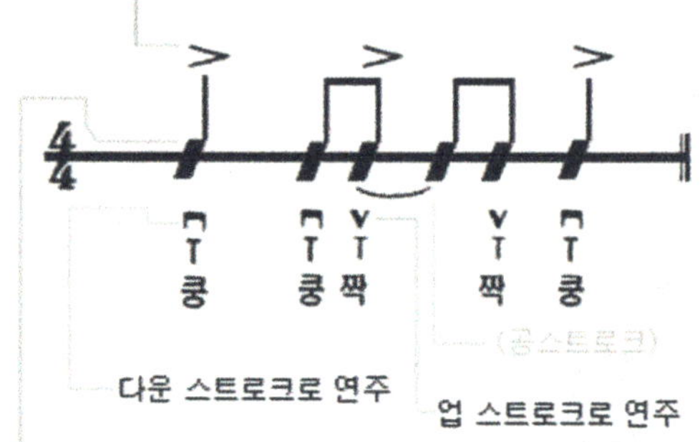

기타현모두를 스트로크하여 연주함(피크사용권장)
(피크 사용 연주시에도 업다운 스트로크는 같습니다.)

연습) (칼립소의 리듬은 많이 쓰이는 리듬입니다.)

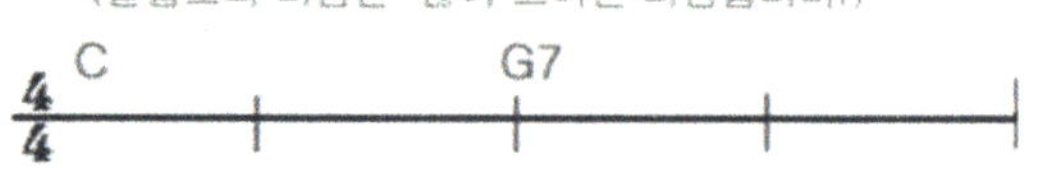

38. 셔플(Shuffle)리듬 알아보기

셔플(Shuffle) 4/4박자

부기우기와 마찬가지로 미국 남부의 흑인들 사이에서 생겨나 1920년대에 재즈와 함께 유행하였으며, 1950년대에 이르러 흑인 음악 리바이벌 붐을 타고 팝 음악의 독립된 분야로서 크게 성행하기 시작한 리듬입니다.

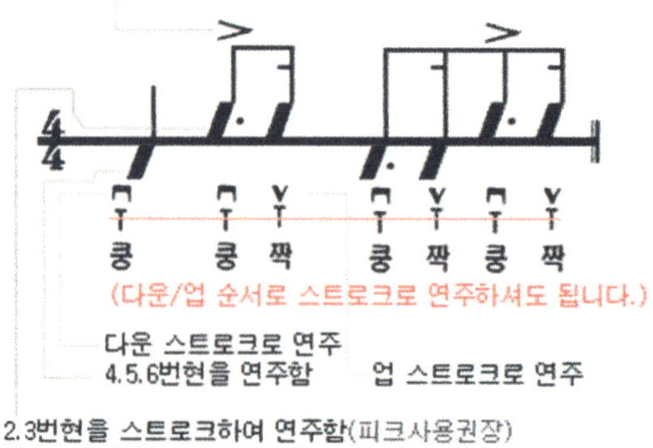

1,2,3번현을 스트로크하여 연주함(피크사용권장)
(피크 사용 연주시에도 업다운 스트로크는 같습니다.)

연습) (길고 짧은 음의 간격을 잘표현하셔야 합니다.)

40. 스윙(Swing)리듬 알아보기

스윙(Swing) 4/4박자

1930년대 베니굿맨악단 그들이 연주하는 음악을 스윙이라고 한데서 나온 말이다. 그들은 스윙음악으로 인기를 모아 스윙이라고 하면 곧 재즈를 가리킬 정도로 유명해졌다.
4/4박자의 노래이며 저음을 칠때의 여운을 유지하는 것이 중요하다.
스윙을 연주할때는 리듬을 따라 어깨가 들썩들썩하는 느낌을 가지면 좋습니다.

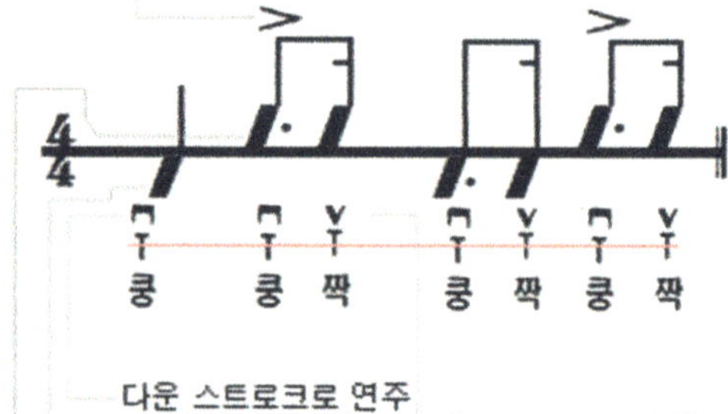

1,2,3번현을 스트로크하여 연주함(피크사용권장)
(피크 사용 연주시에도 업다운 스트로크는 같습니다.)

연습) (길고 짧은 음의 간격을 잘표현하셔야 합니다.)

일렉기타 리듬부문 강좌

41. 디스코(Disco)리듬 알아보기

디스코(Disco) 4/4박자

디스코는 1970년대 중반부터 유행하기 시작한 댄스 리듬으로, 일정한
춤의 패턴이 없는 것처럼 리듬 역시 다양한 8비트나 16비트를 사용하고
있습니다.
기타의 리듬보다는 정확하게 규칙적으로 때려주는 드럼의 4비트가
특징입니다.

악센트 스타카토 스타카토란? 짧은음의길이에 느낌(끊어짐)

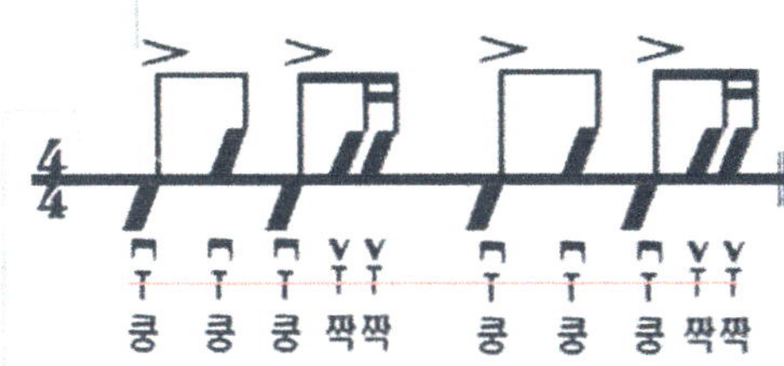

다운 스트로크로 연주

4.5.6번현 저음부 연주   업 스트로크로 연주

1.2.3번현 고음부를 스트로크하여 연주함(피크사용권장)

연습)

일렉기타 스케일부문 강좌

43. 스케일 오른손피킹법(Scale pickings) 알아보기

피크종류 및 잡는법

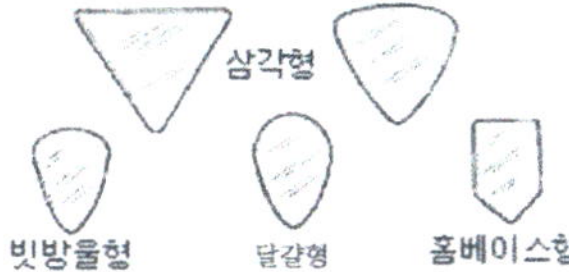

피크란? 오른손 주법시 사용되는 도구이다.
구체적 멜로디와 빠른 연주사용시 이용
빗방울형, 삼각형, 홈베이스현등
여러 종류가 있슴 또한 두께와 재질도한 여러
종류이다.

• 피크는 일반적으로 쉽게 물건을 잡듯이
  편안하게 잡으셔야 피크컨트롤이 용이하게 됩니다.

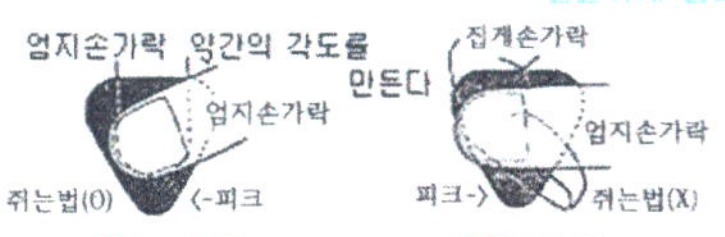

그림과 같이 피크는 잡는 자세에
따라 기타연주에 큰영향을 주는
요소이다.

꾸준한 연습으로 올바른 피킹자세를
익히는 것이 중요함.

42. 아르페이지오(arpeggio)주법 알아보기

＊엄지를 곧게 펴서 거의 평행선을 유지하도록 합니다

＊손목을 많이 움직이지 않습니다.

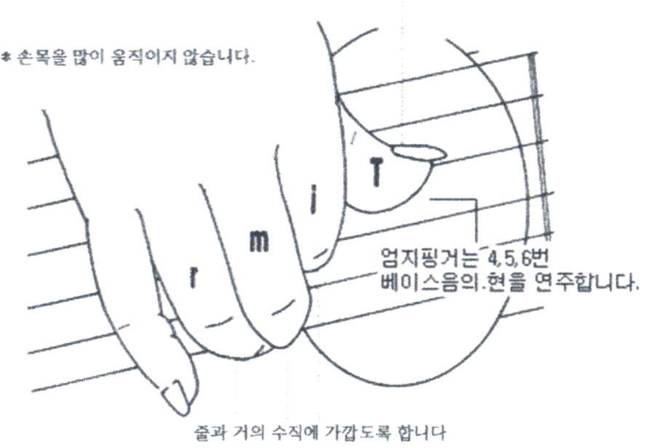

4/4박자 아르페지오

각각 담당하는 줄이 정해져 있으므로 항상 그 줄을 칠 수 있도록 준비해야 합니다.

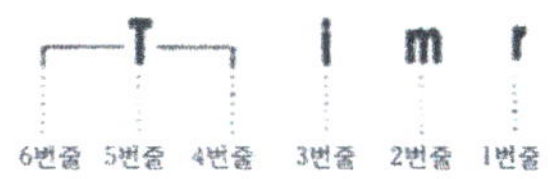

페턴 1

4/4 박자의 전형적인 아르페지오 패턴입니다
2박과 4박에서 기타의 2번줄과 1번줄을 동시에 뚱기는 점에 유의 하세요.

패턴 2

44. C 메이져 펜타토닉 스케일 알아보기

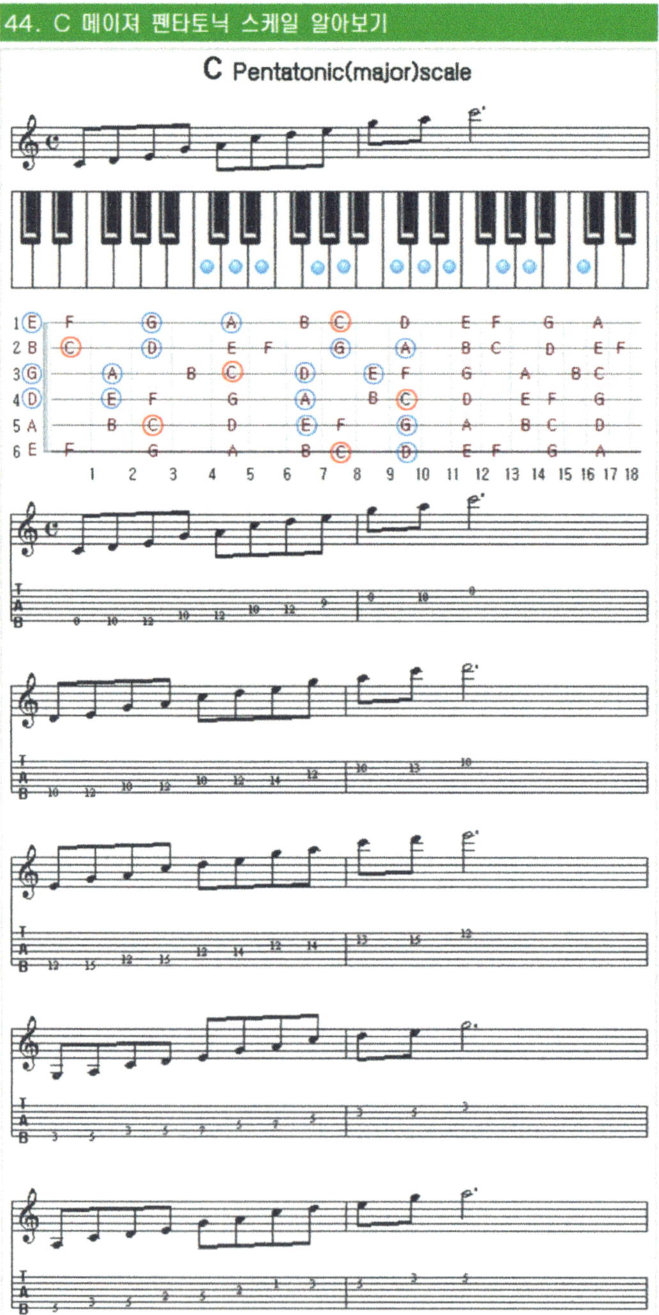

45. E 메이져 펜타토닉 스케일 알아보기

일렉기타 스케일부문 강좌

48. 헤머링온 & 풀링오프 & 트릴 테크닉 알아보기

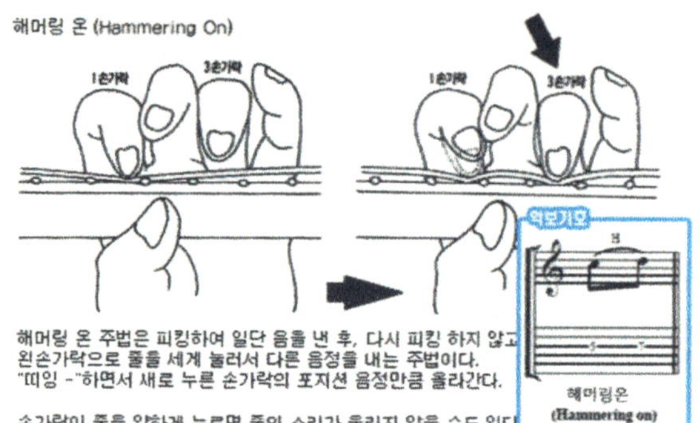

해머링 온 주법은 피킹하여 일단 음을 낸 후, 다시 피킹하지 않고
왼손가락으로 줄을 세게 눌러서 다른 음정을 내는 주법이다.
"띠잉 -"하면서 새로 누른 손가락의 포지션 음정만큼 올라간다.

손가락이 줄을 약하게 누르면 줄의 소리가 울리지 않을 수도 있다.
해머링 온을 할 때는 순간적으로 강하게
눌러야 앞의 여운이 사라지지 않고 고운 소리가 남는다.

망치로 내려치듯 느낌으로 함.

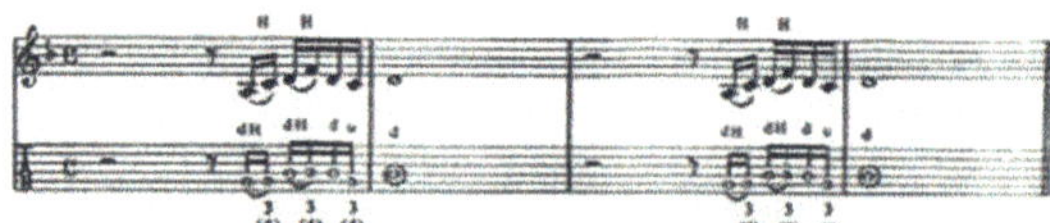

풀링 오프 (Pulling Off)

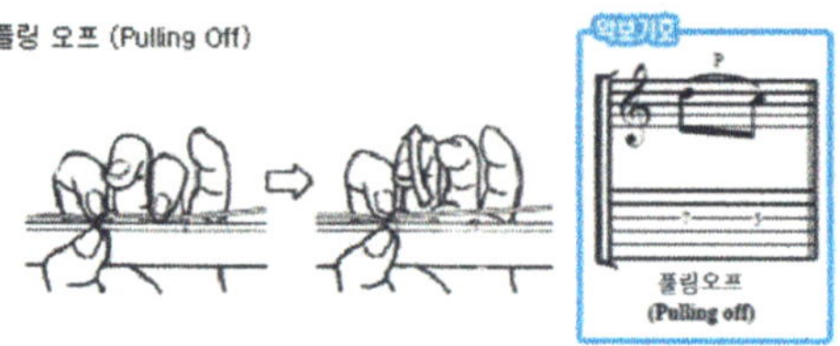

풀링 오프는 해머링 온과는 반대로 음을 누른 상태에서 줄을 퉁긴 후에,
줄을 눌렀던 왼손가락을 떼어서 다른 음정(처음 누른 음정)으로 바꾸는 주법을 말한다.

풀링 오프를 하는 손가락의 끝으로 줄을 긁듯이 강하게 퉁기면서
떼어야만 올바른 소리가 난다. 줄을 퉁겨 주지 않고 그냥 손가락을 떼면
소리가 아주 작아져서 잘 들리지 않게 된다.

연습)

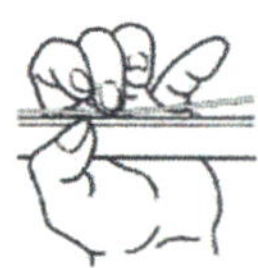

트릴테크닉은 해머링온과 풀링오프 테크닉을
빠르게 반복적으로 움직여 사운드를 내는 테크닉
입니다.

49. 슬라이드 & 글리산도 테크닉 알아보기

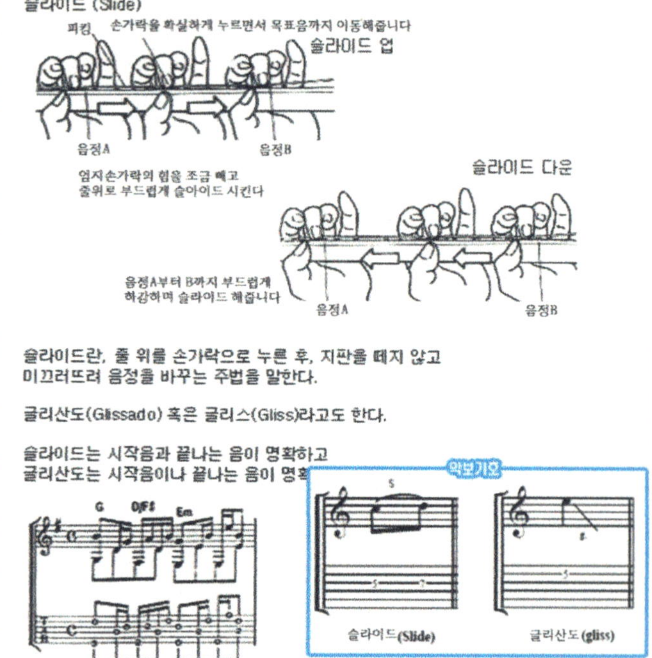

슬라이드란, 줄 위를 손가락으로 누른 후, 지판을 떼지 않고
미끄러뜨려 음정을 바꾸는 주법을 말한다.

글리산도(Glissado) 혹은 글리스(Gliss)라고도 한다.

슬라이드는 시작음과 끝나는 음이 명확하고
글리산도는 시작음이나 끝나는 음이 명확

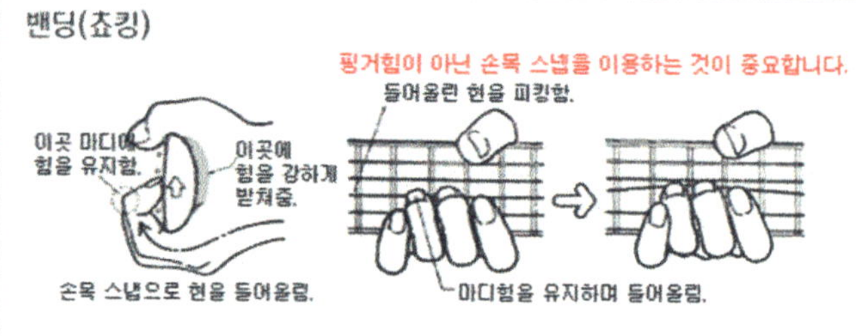

50. 벤딩(쵸킹) & 비브라토 테크닉 알아보기

밴딩(쵸킹)

핑거힘이 아닌 손목 스냅을 이용하는 것이 중요합니다.

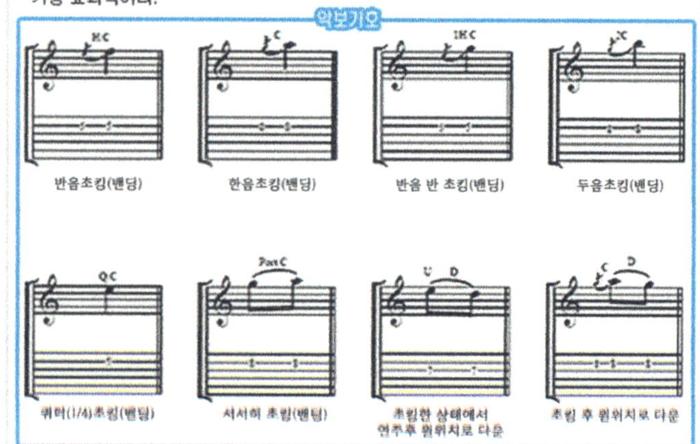

초킹(또는 벤딩:Bending)은 누르는 프렛을 옮기지 않은 채 왼손가락 끝으로
줄을 밀어서 음정을 변화시키는 주법을 말한다. 왼손가락의 1·2·3·4 중
어느 손가락으로도 초킹이 가능하도록 연습하여야 한다.
어쿠스틱 기타의 경우에는 줄의 장력이 강해서 보통 1/2음이나 1음 정도의
초킹이 많이 사용되고 있지만 일렉 기타의 경우에는 2음까지도 초킹 하는 경우도 있다.
초킹을 할 때 정확한 음정이 나올 수 있도록 주의를 기울이자.
① ② ③ ④번선은 ⑥번선 방향으로 밀어 올리고, ⑤ ⑥번선은 ①번선 방향으로
끌어내리는 것이 보편적인 방법이다.

정확한 초킹음정을 내기 위해서는 정확한 음을 구분할 수 있는 귀가 필요하다.
쉽게 말하자면 초킹을 하게 되면 음정이 올라간다.
따라서 원하는 음정을 끌어올리면서 원하는 음정을 구분할 줄 알아야 한다.
연습 방법은 먼저 선택한 연습곡을 귀에 완전히 익히도록 많이 듣고나서 초킹 연습을 한다
초킹의 실력 차이는 자기가 원하는 음정을 깨끗하게 표현하는데 있다.
통기타에서는 잘 모르지만 앰프에 연결하여 연주해
보면 초킹과 릴리즈의 전후로 잡음이 생긴다.
이는 초킹과 릴리즈를 하면서 그 줄의 위, 아래를 건들기 때문이다.
이 잡음을 막기 위해서는 어렵지만 잡음이 날 만한 줄을 뮤트 시키는 방법이
가장 효과적이다.

50. 벤딩(쵸킹) & 비브라토 테크닉 알아보기 (Page-16과 연결)

비브라토 (Vibrato)

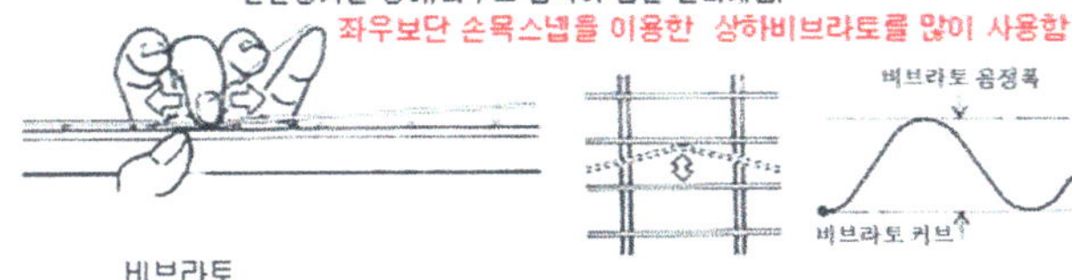

비브라토

만약 멜로디나 프레이즈에 어떠한 표정도 덧붙이지 않는다고 한다면
그것은 음악이 아니라 단순한 신호음이 나열된 것과 같은 셈이다.

아무리 작은 프레이즈에도 반드시 거기에 어울리는 뉘앙스가
표현되어 있지 않으면 안된다. 여기서 다루는 비브라토는 음에
흔들림을 만드는 간단한 것이데, 많은 테크닉 중에서도 가장 정감적인
효과를 만드는 테크닉이라 할 수 있다. 기타 특유의 효과는
거의가 비브라토의 미묘한 움직임에서 생겨난다고 볼수 있다.

핸드 비브라토
줄을 누르고 피킹한 다음 누르고 있는 손가락을 지점으로 하여
왼손 전체를 좌우로 흔들어 음에 흔들림 만든다.
이 때 엄지는 가볍게 네크에 닿는 정도이거나 떼도록 하는 것이 좋다.
그리고 음이 흔들리는 속도는 왼손을 흔드는 빠르기로 조종하고
흔들림의 깊이는 누르고 손가락의 힘으로 조종한다.

쵸킹 비브라토
쵸킹 비브라토는 쵸킹과 릴리즈의 되풀이로
비브라토를 만드는 테크닉이다. 흔들림의 스피드는 쵸킹과 릴리즈의
빠르기로 흔들림의 깊이는 쵸킹의 크기로 한다.
기타 테크닉 중 중요한 요소중 하나이다.

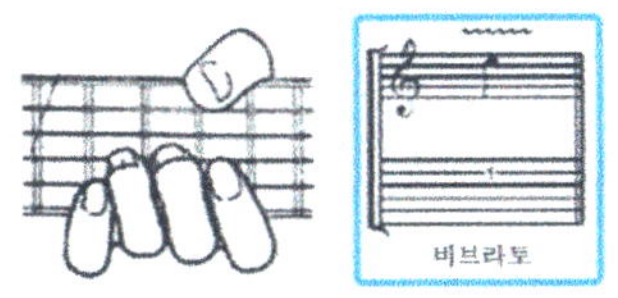

51. 왼손뮤팅 & 오른손뮤트 테크닉 알아보기

뮤트 (Muting)

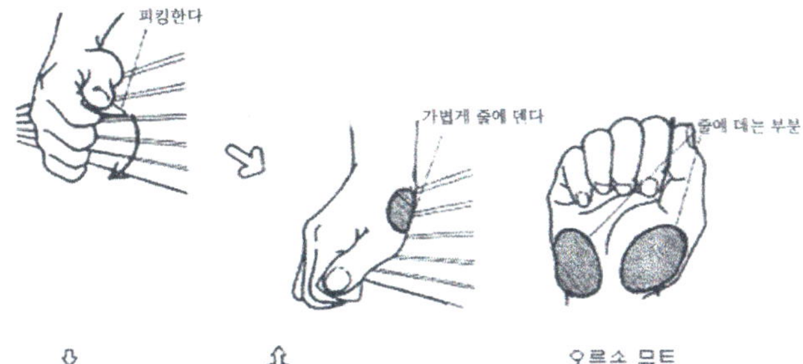

뮤트는 왼손가락이나 혹은 오른손의 새끼손가락 근처의 손바닥을 줄에 가볍게
대고 피킹하여 둔탁한 소리를 내는 주법이다.

머프 뮤트
오른손 테크닉으로 '쟈가쟈가'하는 뮤트음을 만든다.
그 방법은 브리지 위에 가볍게 손을 얹고 피킹한다.
머프 뮤트는 오른손 손목을 고정시킨 부자연스런 피킹이기 때문에 빠른 패시지나
극단적인 음(줄)의 도약 등에는 상당한 연습이 필요하다.
노이즈 뮤트
왼손 테크닉으로 그 방법은 핑거 커팅과 동일하다.
즉 줄을 누르고 있는 손가락의 힘을 빼고 손가락이 줄에 가볍게 댄 채로 피킹한다.
이 때 음정이 없는 노이즈를 얻을 수 있다.

52. 네츄럴 하모닉스 테크닉 알아보기

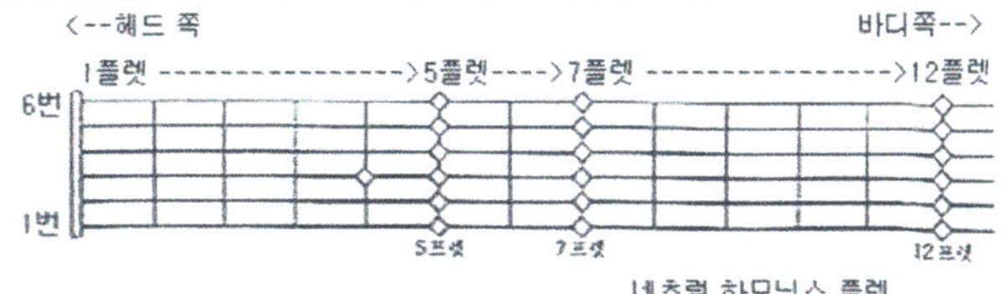

네츄럴 하모닉스 플렛

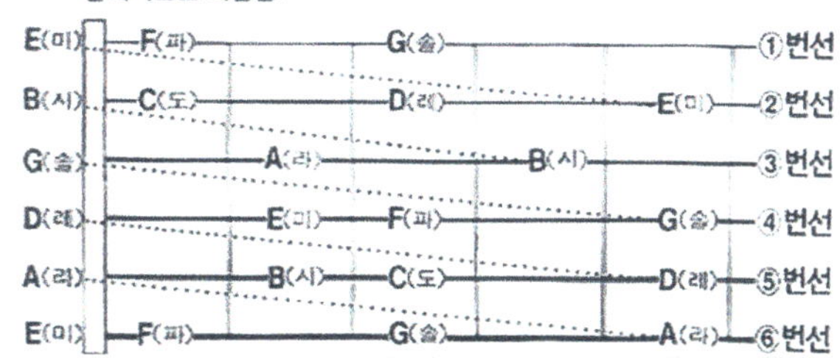

5번현을 튜너로 A음을 맞춘후 5번줄 5플렛에서
4번줄 7플렛에서 하모닉스 사용하여 튜닝
4번줄 5플렛에서 3번줄 7프렛에서 하모닉스 사용하여 튜닝
3번줄 5플렛에서 2번줄 5플렛에서 하모닉스 사용하여 튜닝
(3,4번 하모닉스 튜닝시 잘안될경우 내츄널 튜닝 사용)
2번줄 5플렛에서 1번줄 7프렛에서 하모닉스 사용하여 튜닝
6번줄 5플렛(6번줄 페그를 돌려 맞춤)에서 5번줄 7플렛에서
하모닉스 사용하여 튜닝

전체적으로 확인함.

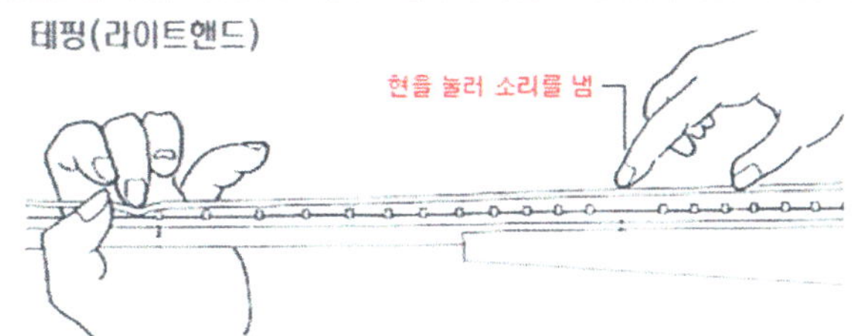

53. 테핑(라이트핸드) 테크닉 알아보기

테핑(라이트핸드)

라이트 핸드 왼손으로 음정을 누른후 오른손으로 밀어내듯 연주함..

일렉기타 테크닉부문 강좌

54. 피크 스크래치 테크닉 알아보기

피크스크래치

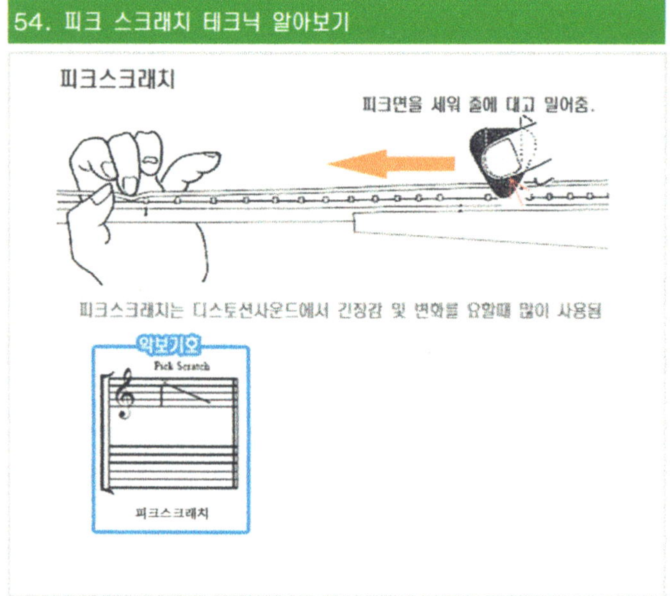

피크스크래치는 디스토션사운드에서 긴장감 및 변화를 요할때 많이 사용됨

55. 피킹하모닉스 테크닉 알아보기

피킹하모닉스

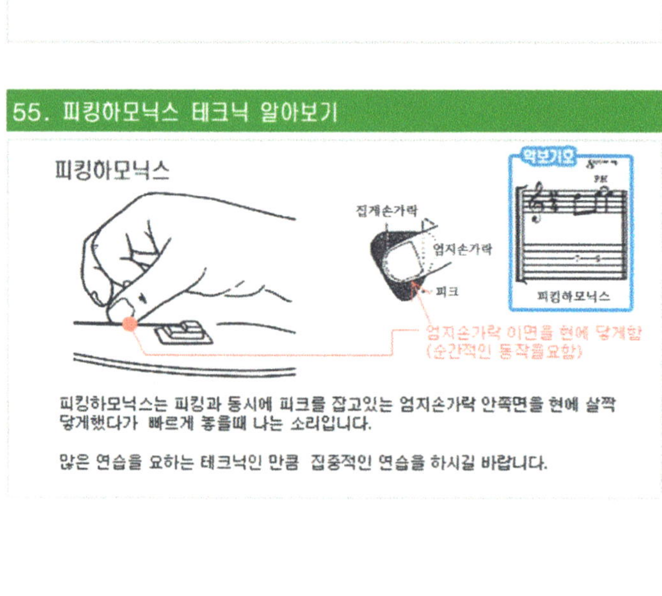

피킹하모닉스는 피킹과 동시에 피크를 잡고있는 엄지손가락 안쪽면을 현에 살짝
당게했다가 빠르게 좋을때 나는 소리입니다.

많은 연습을 요하는 테크닉인 만큼 집중적인 연습을 하시길 바랍니다.

56. 볼륨 & 트레몰러암 테크닉 알아보기

57. A7 Key 12마디 Rock & Roll(락앤롤) 알아보기 1부

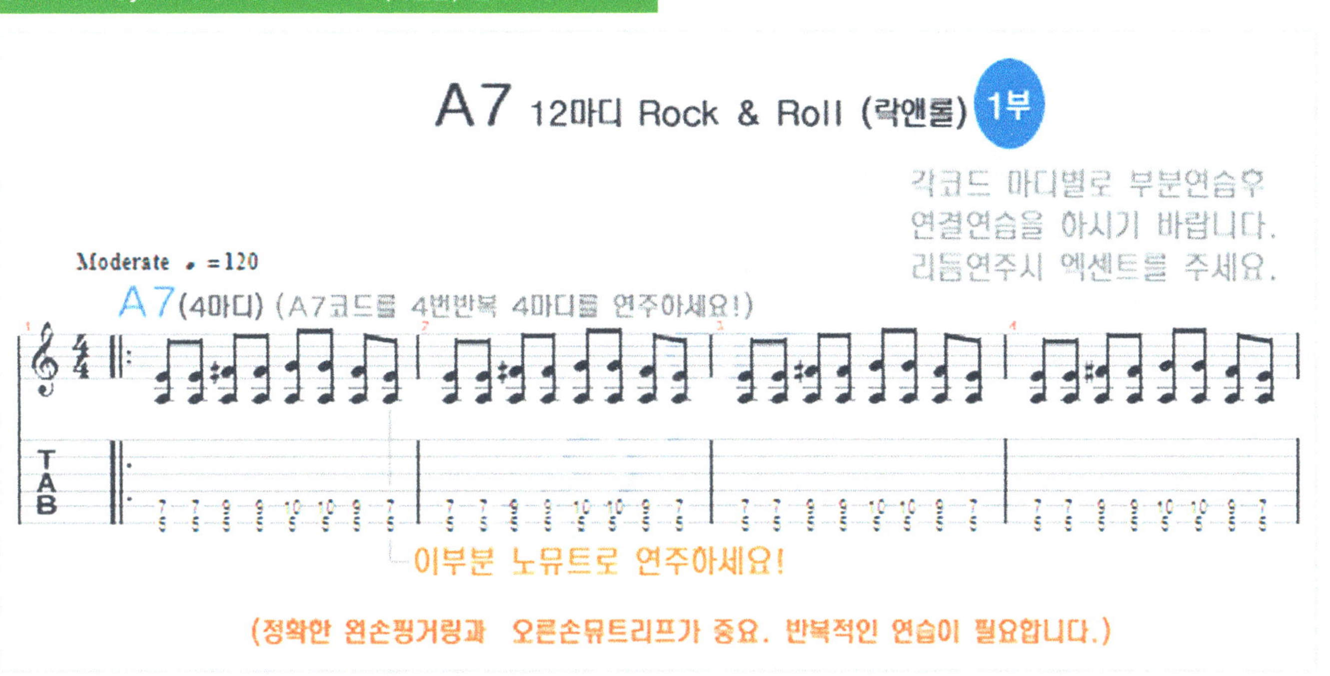

58. A7 Key 12마디 Rock & Roll(락앤롤) 알아보기 2부

59. A7 Key 12마디 Rock & Roll(락앤롤) 전체 따라하기

- 그대에게 -

신해철 2집 '재즈카페'(1991)수록곡

작사 : 신해철
작곡 : 신해철
노래 : 신해철
편곡 : GuitarCamp

그대에게

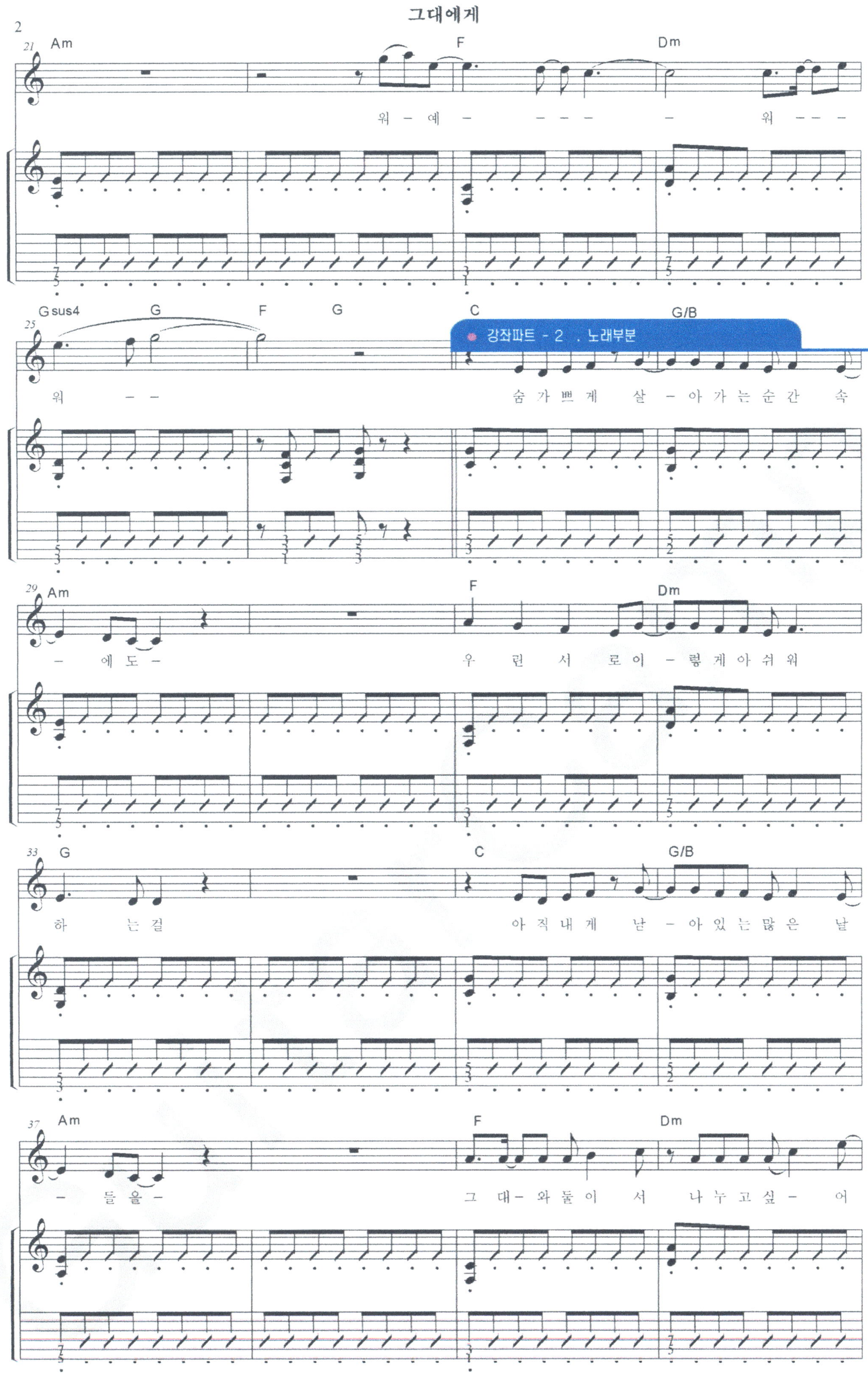
강좌파트 - 2 . 노래부분
Am   F   Dm
워 - 예 - - - - - 워 - - -
Gsus4   G   F   G   C   G/B
워 - - 숨가쁘게 살 - 아가는 순간 속
Am   F   Dm
- 에도 - 우 런서로이 - 렇게아쉬워
G   C   G/B
하 는걸 아직내게 남 - 아있는많은 날
Am   F   Dm
- 들을 - 그 대와둘이서 나누고싶 - 어

그대에게
내 가 사 랑 한 그 모 든
것 을 다 잃 는 다 해 도 그 대 를 포 기 할
순 없 어 요
이 세 상 어 느 곳 에 서 도
나 는 그 대 숨 결 을 느 낄 수 있 어 요

그대에게
4
C   G/B   Am
내 삶 이 끝 나 는 날 까 지
F   Dm   Gsus4   F   G
나 는 언 제 나 그 대 곁 에 있 겠 어 요
C   G/B   Am
F   Dm   Gsus4   G
C   G/B   Am

내 가 사 랑 한 그 모 든 것 을 다 잃 는 다 해 도 그 대
를 포 기 할 순 없 어 요
요 내 삶 이 끝 나 는 날 까
지 나 는 언 제 나 그 대 곁 에 있

그대에게

그대에게
101 Gsus4   F   G   D   A/C#
겠 어요 —   이 세 상 어 — 느 곳 에 서
105 Bm   G   Em
— 도 — —   나 는 그 대 — 숨 결 을 느 낄 — 수
109 Asus4   A   D   A/C#
있 어요 —   내 삶 이 끝 — 나 는 날 까
113 Bm   G   Em
— — 지 —   나 는 언 제 — 나 그 대 곁 에 있
117 Asus4   G   A   D
겠 어요 —

- 불놀이야 -

'386세대 그룹사운드 '(1999)수록곡

작사 : 홍서범
작곡 : 홍서범
노래 : 옥슨80
편곡 : GuitarCamp

● 강좌파트 - 1 . 인트로부분(intro)

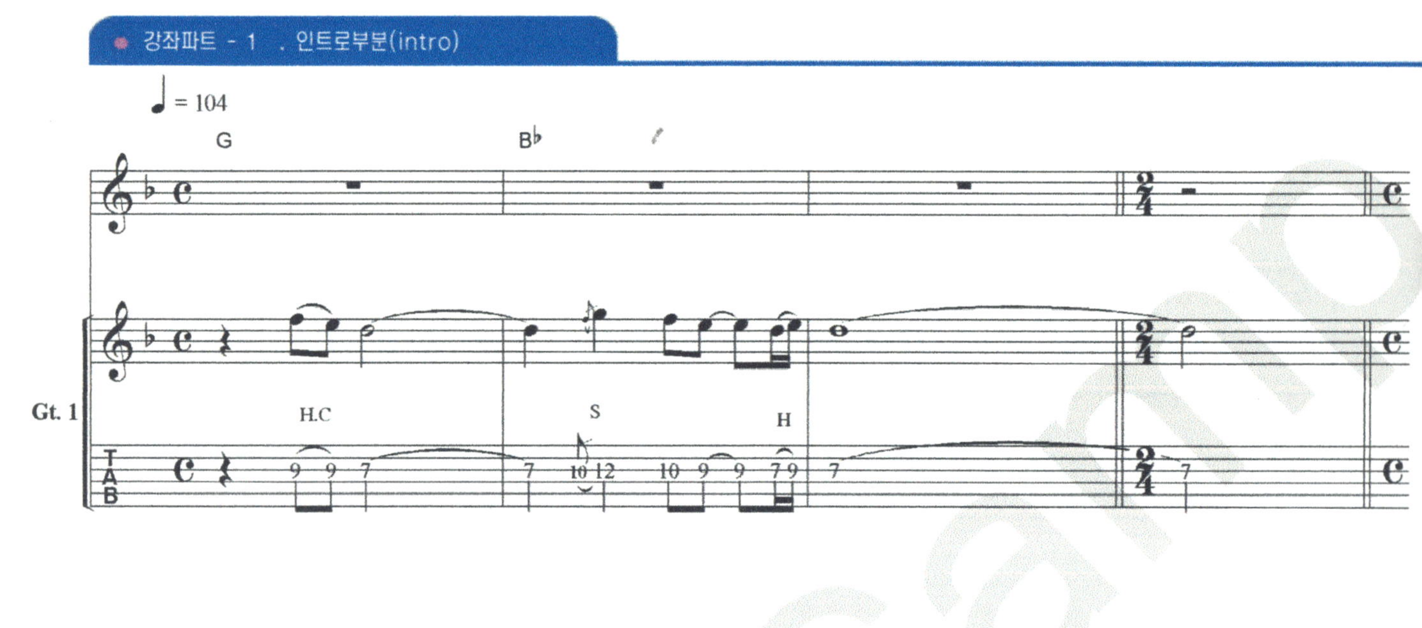

● 강좌파트 - 2 . 노래부분

불놀이야

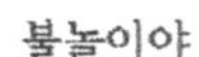

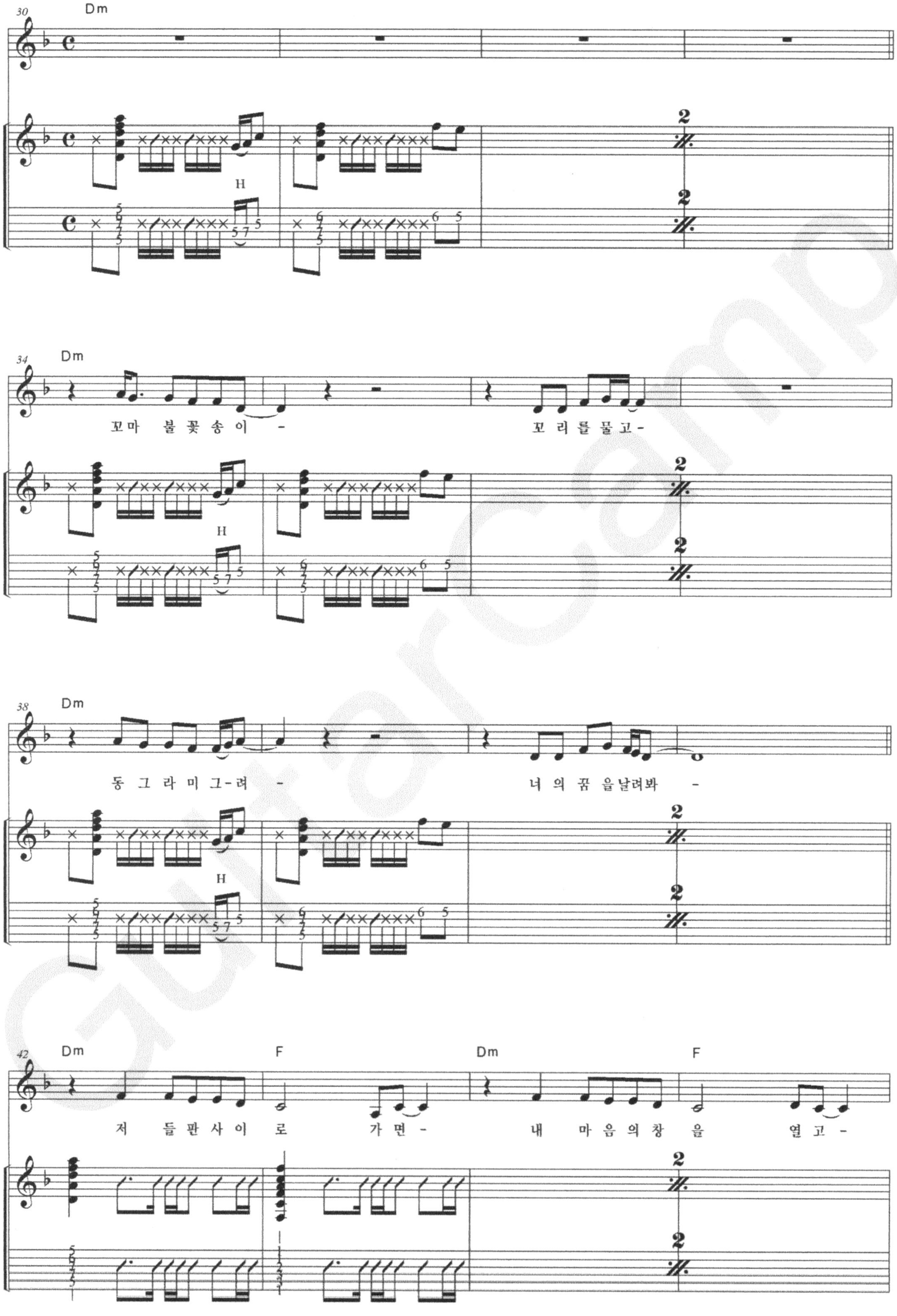

Dm
Dm
꼬마 불꽃송이 -
꼬리를물고-
Dm
동그라미그-려 -
너의꿈을날려봐 -
Dm
F
Dm
F
저 들판사이로 가면-
내 마음의창을 열고-

Dm F Dm F
두 팔을 벌려 서 돌면 - 야 불이 춤춘 다 불놀이
G B♭ A
야 - - 하
Dm
Dm

Dm
A
Dm
Dm
H
저하 늘로떠난 -
불꽃을보며-

힘 껏 소 리 치-며 - 우 리 소 원 빌어봐 -
저 들 판 사 이 로 가 면 - 내 마 음 의 창 을 열 고 -
두 팔 을 벌 려 서 돌 면 -
불 놀 이 야 - - 하

저 들판사이로 가면 -
내 마음의창을 열고 -
두 팔을벌려서 돌면 -
야 불이 춤춘다 불 놀 이
야 - - 하

- 사람이 꽃보다 아름다워 -

작사 : 정지원
작곡 : 안치환
노래 : 안치환
편곡 : GuitarCamp

안치환 5집 'Desire' 수록곡(1997)

강좌파트 - 1 . 인트로부분(intro)

강물같은노래 _를_ 품고사 _는 사람은 알게되
_지 음 알게되 _지
내내어두웠던산 들이 _ 저녁이 되면 _ 왜
강으 로스미어 꿈을꾸 _다밤이 깊을수록말없 이 서로를쓰다듬으며
부둥켜안은 채 느긋하게정 들어 _ 가는지를 _으음

E
A
지독한 외 로움 _에 쩔쩔 매 본 _ 사 람 은 알게 되
E
A
_지 음 알 게 되 _지
E
A
그 슬 픔 에 굴 하 지 않 고 비 켜 서 지 않 으 며 _ 어 느
E
A
곁 에 반 _짝 이 는 꽃 눈 을 달 고 우 _ 렁 우 렁 잎 들 을 키 우 는 사 람 이 야 말 로
E
B7
짙 푸 른 숲 이 되 고 산 이 되 어 때 아 리 로 _ 남 는 다 는 것 을 _ 누 가 뭐 래 도

사람이 꽃보다 아름다워
(누가뭐래도) 사람이 꽃 보다 아름다워 _
모든 외로움이겨 낸 _ 바로 그사람 _ 누가뭐래도
(누가뭐래도) 그대는 꽃 보다아름다워 _ 노
래의온 _ 길품 _ 고사 는바로그대 바로당신 바로우리 우린참사람
헤 아헤 아

지 독 한 외 로 움 에 쩔 쩔 매 본 사 람 은 알 게 되
지 음 알 게 되 지
*Picking Harmonics& C

사람이 꽃보다 아름다워
6
그 슬픔에 굴 하지않고 비켜서지 않으며 _ 어느
곁에 반 _ 짝이는 꽃눈을 달고 우 _ 렁우렁잎들을 키우는사람이야말로
짙푸른숲이되고 산이되어메아리로 _ 남는다는 것을 _ 누가뭐래도
(누가뭐래도) 사람이 꽃 보다아름다워 _ 이
모든 외로움이겨낸 _ 바로 그사람 _ 누가뭐래도
저작권 : www.guitarcamp.co.kr / www.guitarcamp.kr / 무단 복제 및 배포를 허용 하지 않습니다.

(누가뭐래도) 그대는 꽃 보다아름다워 _ 노
래의온 _ 길품 _ 고사 _ 는바로그대 바로당신 바로 우리 우린참사람
_ 누가뭐래도 (누가뭐래도) 사람이
꽃 보다아름다워 _ 노 래의온 _ 길품
_ 고사 _ 는 바로그대 바로당신 바로우리 우린참 사람

사람이 꽃보다 아름다워

- 좋 다 -

데이브레이크의 'New Day' (2010.01)수록곡

작사 : 데이브레이크
작곡 : 데이브레이크
노래 : 데이브레이크
편곡 : GuitarCamp

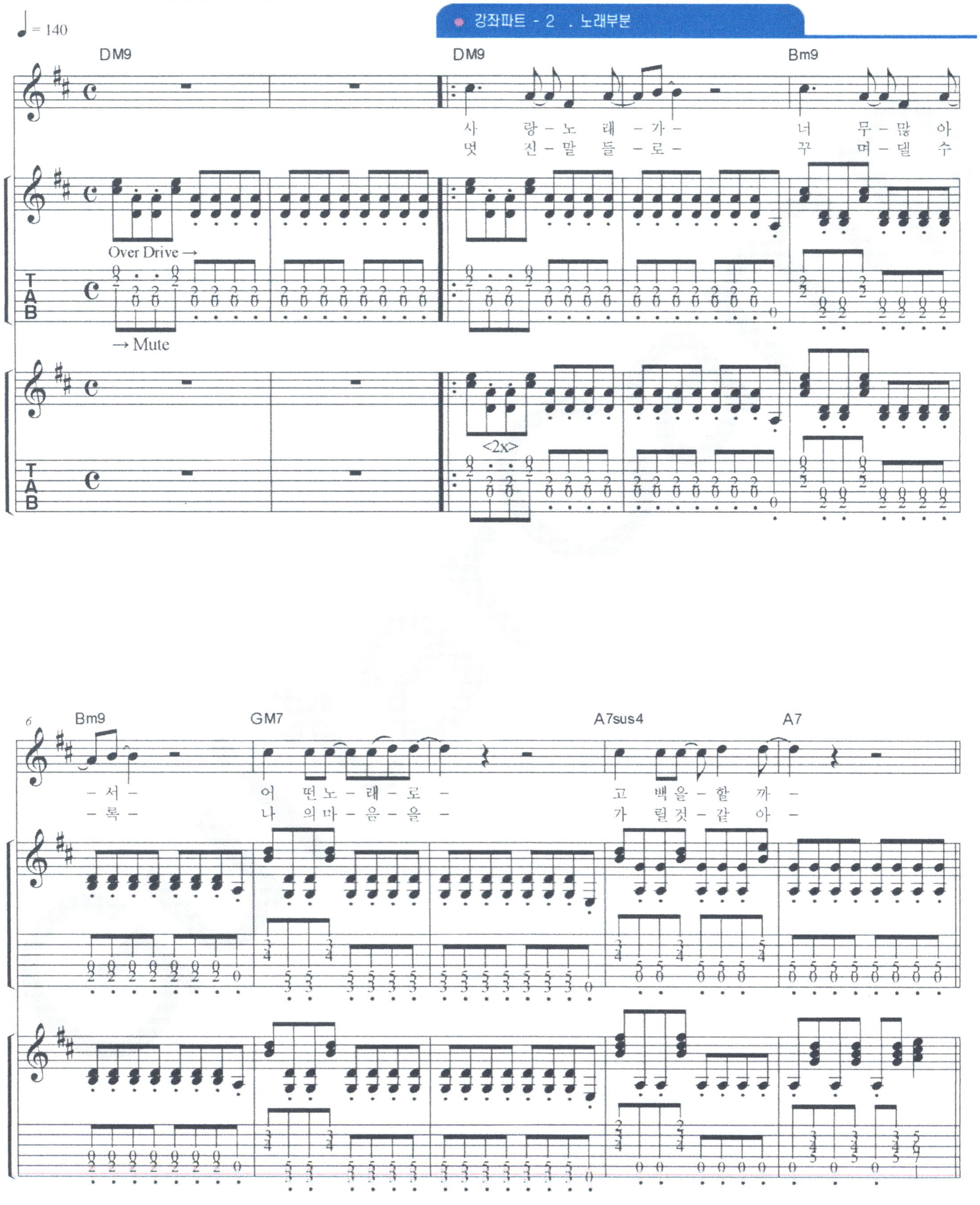

좋다

처 음 본 순 간
빼 고 또 빼 고
(I'm)fall in love with you
줄 여 갈 수 록
미 칠 것 같 은 데
보 석 과 도 같 이
널 사 랑 하 는 데
남 아 있 는 이
니 가 있 어
한 마 디
좋 다
사 랑 해 서 좋 다
다 른 말 로
설 명 할 수 없 는 이 기 분
너 무 나 도
좋 다
너 와 함 께 하 는 이 순 간

Em7
1. A7   A7sus4 A7   DM9
2. A7
영 원히-간 직-할 이-기 분--
-할 이-기 분
DM9
Em7
A7
DM9
C#m7(♭5)   F#7(#9)   F#7(♭9)   Bm7   E
왠 지서-툴 러-보 이-는-작 은누-글 자-로-
Em7   D/F#   G   A   C(add9)   A7
나 의마-음 을-전 할 께-니 가있 어

좋다
좋 다 — 사랑해서 좋 다 — 다른말로
설 명할 — 수 없 — 는 이 기 분 — — — — 너무나도 좋 다
— 너와함께하 는 이 — 순 간 — 영 원히 — 간 직 — 할 이 — 기 분
— 좋 다 — yeah 좋 다 —

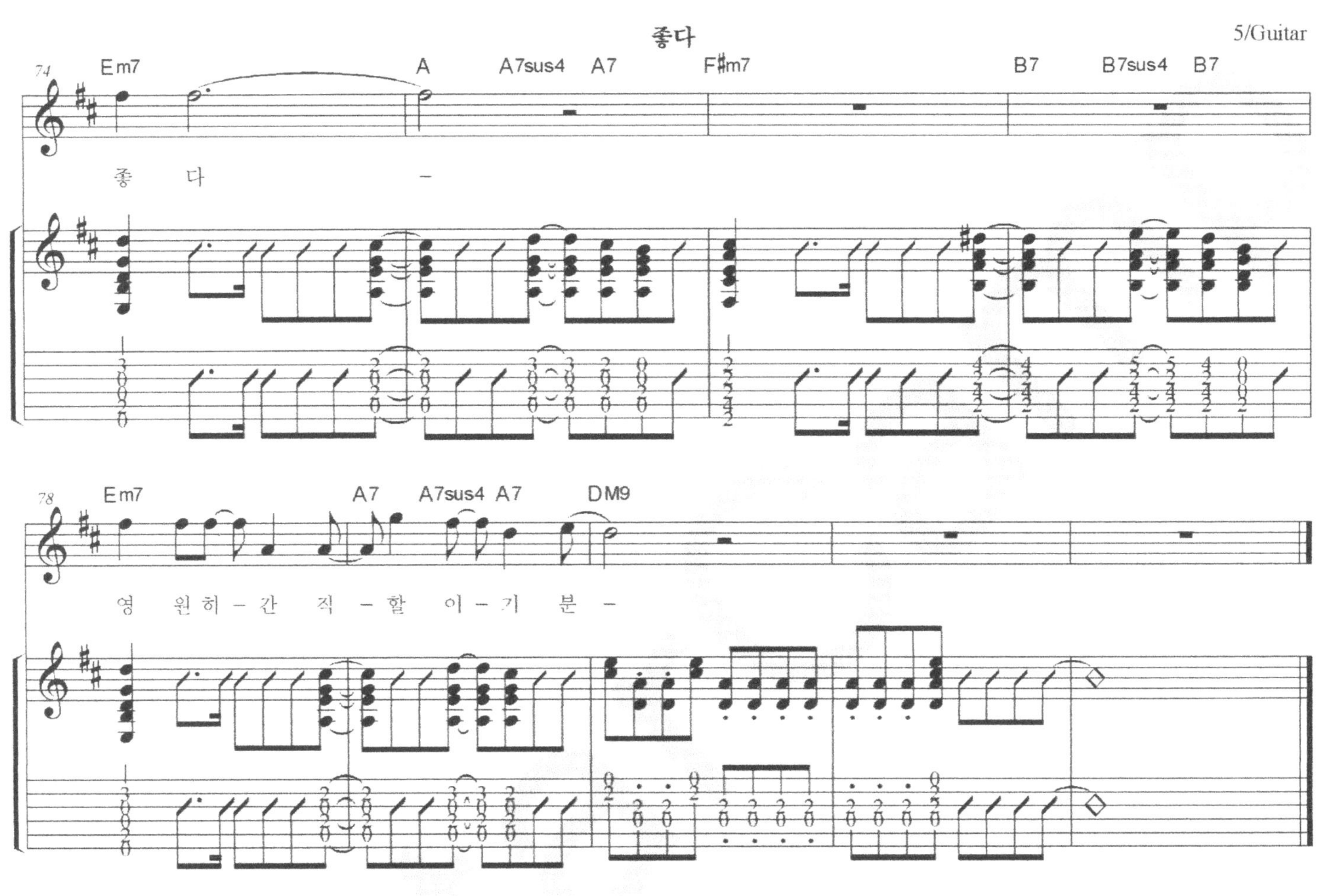
Em7   A   A7sus4 A7   F#m7   B7   B7sus4 B7
좋 다 -
Em7   A7   A7sus4 A7   DM9
영 원 히 - 간 직 - 할 이 - 기 분 -

- Smells Like Teen Spirit -

Nirvana 2집 'Nevermind'(1991)수록곡

작사 : Novoselic Krist Anth, Grohl David Eric, Cobain Kurt
작곡 : Novoselic Krist Anth, Grohl David Eric, Cobain Kurt
노래 : Nirvana
편곡 : GuitarCamp

강좌파트 - 1 . 인트로부분(intro)

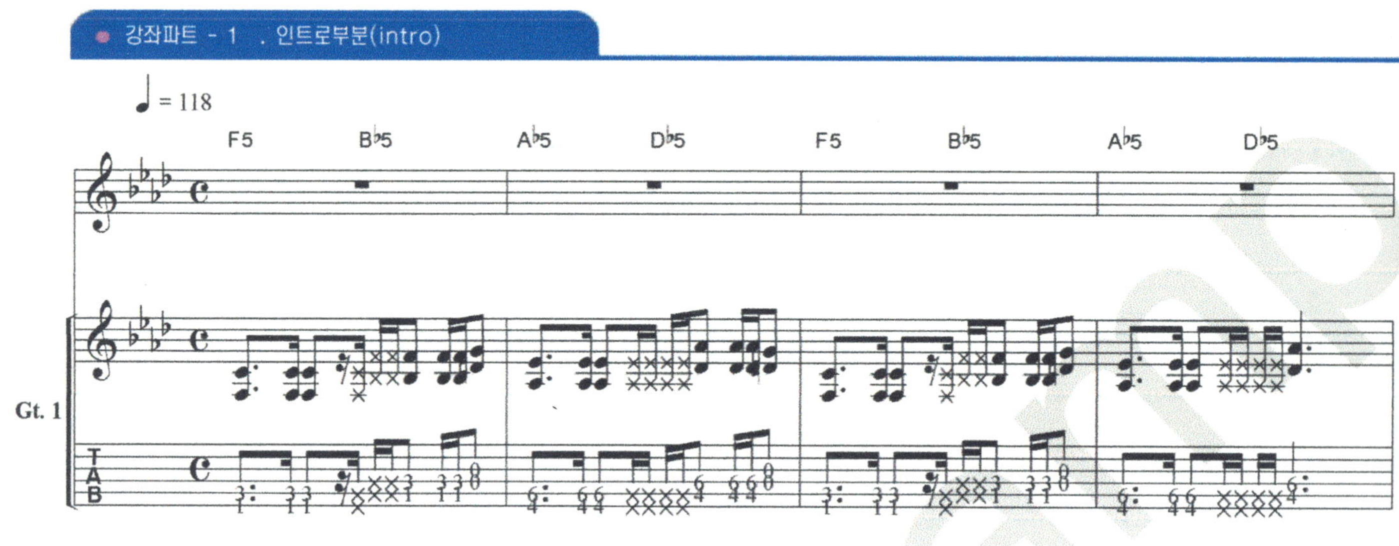

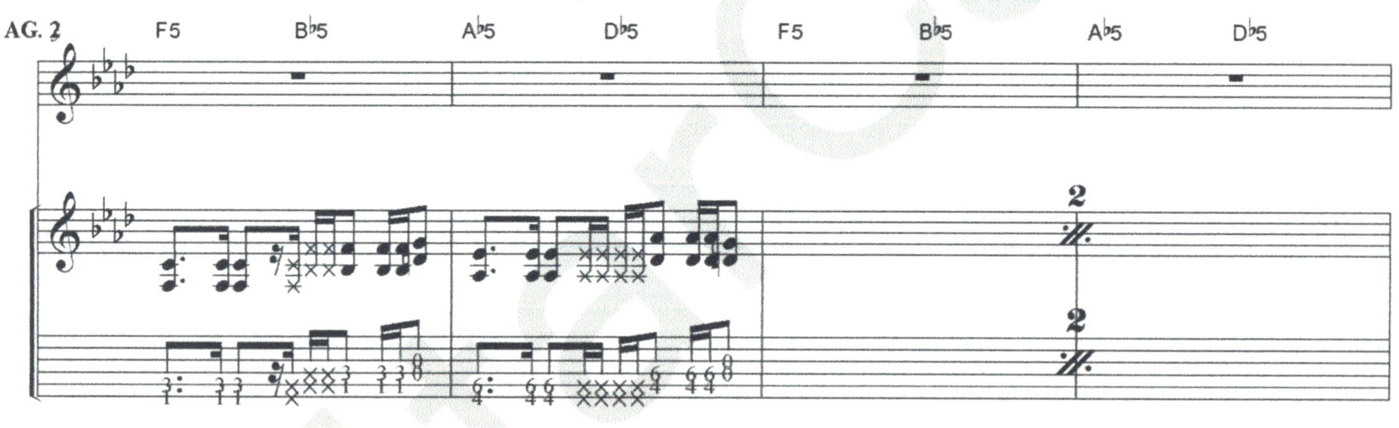

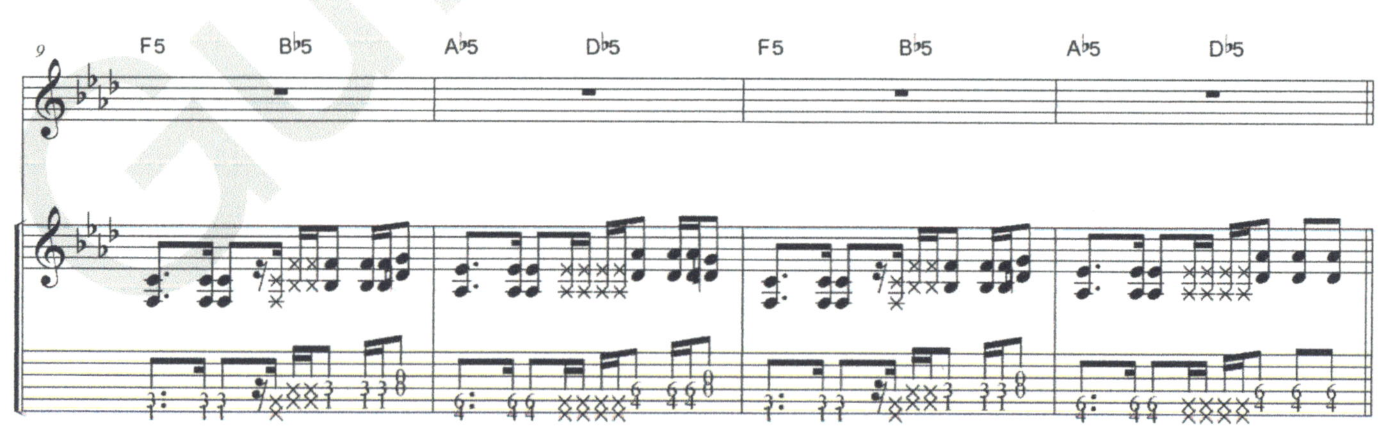

강좌파트 - 2 . 노래부분

Load up — on guns — and bring your friends — It's fun — to lose — and to — pre tend

— She's o — ver bored — and self — as sured — Oh no — I know — a dirt — y word

— hel - lo — hel - lo — hel - lo — how - low — hel - lo — hel - lo — hel - lo — how - low

F5 Bb5 Ab5 Db5 F5 Bb5 Ab5 Db5
- hel-lo - hel-lo - hel-lo - how - low - hel-lo - hel-lo - he-llo With the lights
- out - it's less dan -gerous - Here we are - now en-ter tain - us - I feel stu-
- pid - and con-ta - gious. - Here we are - now en-ter tain - us. - A mul-la -
- to - an al-bi - no, - a mos qui - to, my li bi - do. Yeh,

Smells Like Teen Spirit
Yeh,
Yeh,
I'm worse - at what - I - do best, - and for - this gift - - I - - feel blessed
- Our lit - tle group - - has al - ways been - and al - ways will - un til - - the end.

F5 Bb5 Ab5 Db5 F5 Bb5 Ab5 Db5
- hel-lo - hel-lo - hel-lo - how - low - hel-lo - hel-lo - hel-lo - how - low
F5 Bb5 Ab5 Db5 F5 Bb5 Ab5 Db5
- hel-lo - hel-lo - hel-lo - how - low - hel-lo - hel-lo - he-llo With the lights
F5 Bb5 Ab5 Db5 F5 Bb5 Ab5 Db5
- out - it's less dan -gerous - Here we are - now en-ter tain - us - I feel stu-
F5 Bb5 Ab5 Db5 F5 Bb5 Ab5 Db5
- pid - and con-ta - gious. - Here we are - now en-ter tain - us. - A mul-la-

Smells Like Teen Spirit

And I — for get — just why — — I taste — Oh yeah — I guess — it makes — — me smile

Smells Like Teen Spirit

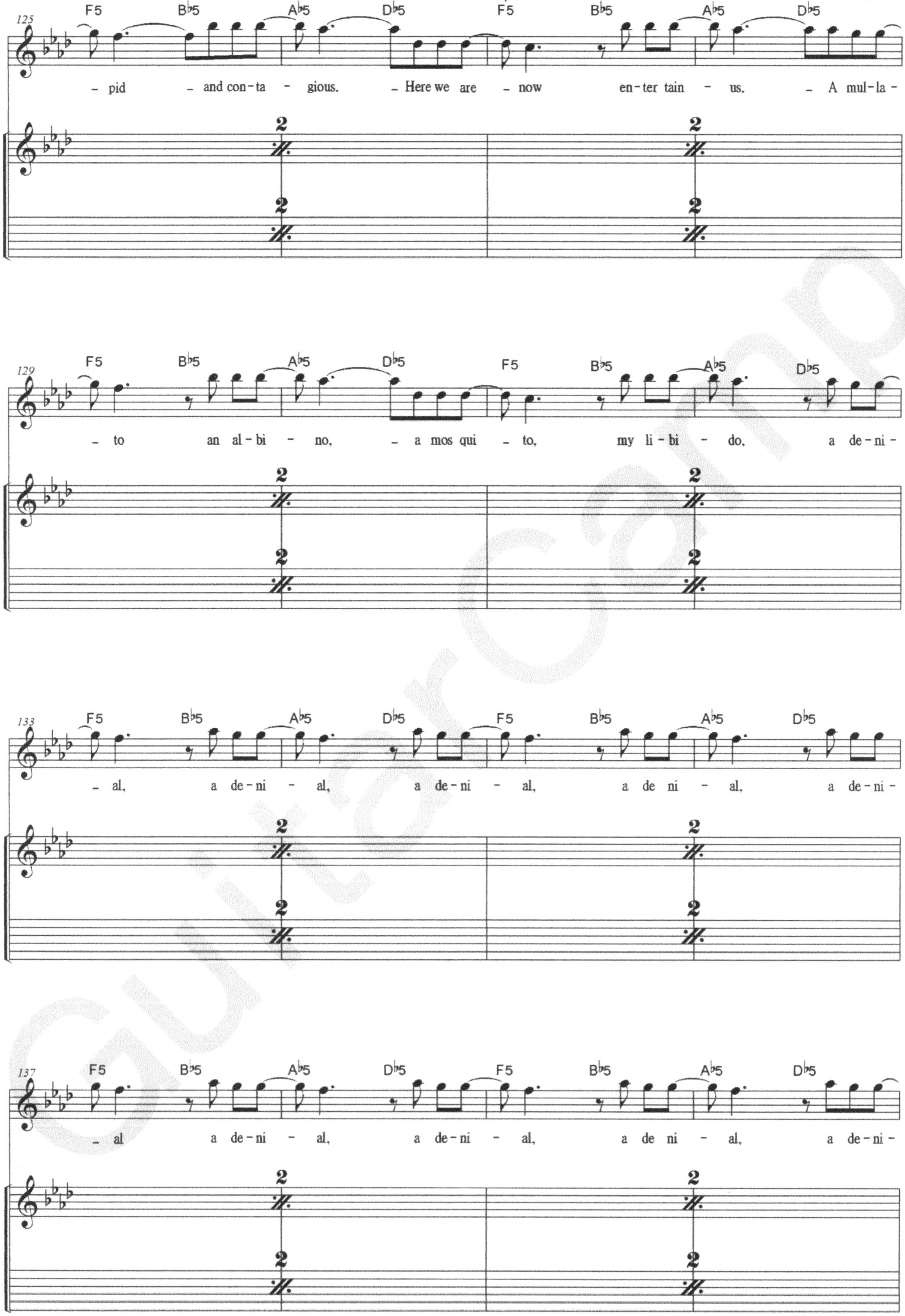

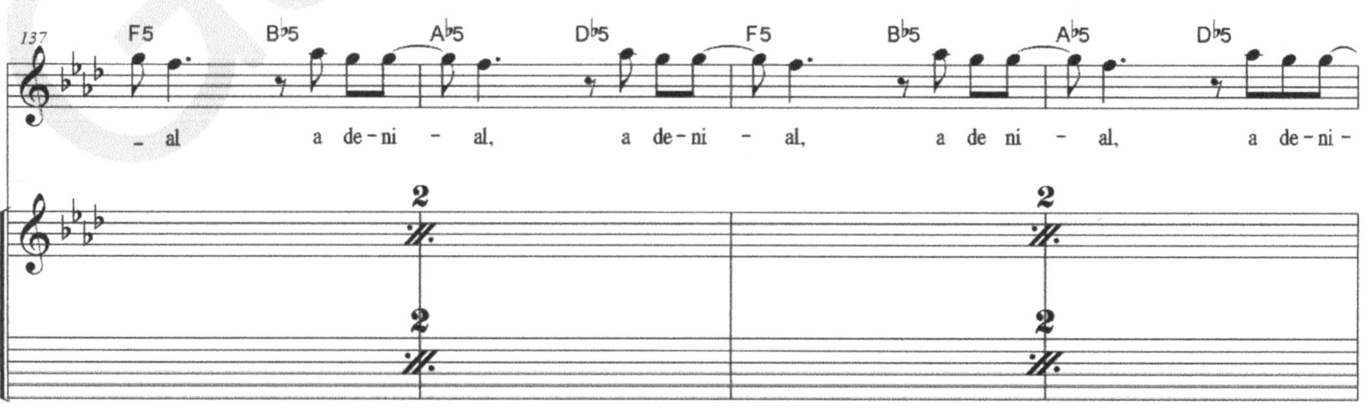

125
F5 B♭5 A♭5 D♭5 F5 B♭5 A♭5 D♭5
- pid - and con - ta - gious. - Here we are - now en - ter tain - us. - A mul - la -
2
2
129
F5 B♭5 A♭5 D♭5 F5 B♭5 A♭5 D♭5
- to an al - bi - no, - a mos qui - to, my li - bi - do, a de - ni -
2
2
133
F5 B♭5 A♭5 D♭5 F5 B♭5 A♭5 D♭5
- al, a de - ni - al, a de - ni - al, a de ni - al, a de - ni -
2
2
137
F5 B♭5 A♭5 D♭5 F5 B♭5 A♭5 D♭5
- al a de - ni - al, a de - ni - al, a de ni - al, a de - ni -
2
2

Smells Like Teen Spirit